KB041754

몽록(夢鹿) 법철학 연구총서 6

저항권

심 재 우 지음

박영사

「몽록 법철학 연구총서」는 평생을 법철학 연구와 강의에 바치신 故 심재우 교수님의 학문적 삶을 기리기 위해 유가족의 지원에 힘입어 창간된 법철학 연구 시리즈입니다. 총서의 명칭 '몽록(夢鹿)'은 심재우 교수님의 아호입니다.

머리말

인간은 자연상태의 폭력을 극복하기 위해 국가라는 것을 창출했으나, 이번에는 그 국가권력의 폭력을 극복하기 위해 저항권이란 것을 발견해 냈다. 저항권의 역사는 오래다. 태고적부터 폭군이 존재하는 곳에는 언제나 폭군살해와 폭군방벌이라는 저항권이 뒤따랐다. 이에 상응하여 동서양의 폭군방벌론의 역사도 오래다. 동양에서는 이미 고대에 맹자의 역성 혁명론易姓革命論이 있었고, 서양에서도 중세 초에 이미 폭군방벌론暴君放伐論이 헌법적 제도로서 일반화되어 있었다. 이처럼 저항권은 이론적으로나 실천적으로나 국가권력이 남용되기 시작했을 때부터 그에 대한 대항권력으로 존재해 왔던 것이다.

저항권의 존재의의는 현대에 와서도 조금도 감소하지 않았다. 오히려 20세기에 들어와서 폭군들은 '폭정'의 단계를 넘어서 인류역사상 그 유례를 찾아볼 수 없는 '학정'의 단계로 그 폭력의 질을 더 악화시켰다. 집단학살, 인종청소, 인간 생체실험, 강제노역 등과 같이 인간으로서는 차마 할 수 없는 비인간적 학대가 그 주류를 이루고 있기 때문이다. 홀로코스트holocaust는 아우슈비츠에만 있었던 것이 아니다. 시베리아의 강제 수용소, 캄보디아의 킬링필드, 아르헨티나, 칠레, 우간다, 르완다, 보스니아, 코소보, 동티모르, 북한의 정치범수용소 등

등 지구 도처에 널려 있다. 20세기는 분명히 인간학대의 반인륜적 시대였다. 자기와 사상이 다르다는 이유로, 자기와 인종이 다르다는 이유로, 자기와 종족이 다르다는 이유로, 자기와 종교가 다르다는 이유로, 자기와 사회계급이 다르다는 이유로 독재자들은 인간을 학살하고 도살하고 청소하는 만행을 저질렀다. 인간을 보호해야 할 국가에 의해 그러한 '인류에 반하는 범죄'가 저질러졌다는 점에서 국가의 도덕성의 문제가 오늘날처럼 심각하게 논의의 대상이 된 적은 없었다. 국가에 의해 인간이 개처럼 취급되고 개처럼 죽임을 당하는 이 엄청난 반인륜적 범죄로 인하여 '인간의 존엄'이라는 말이 오늘날만큼 많은 사람의 입에 오르내린 적도 없다. 그래서 드디어 "인간의 존엄은 침해될 수 없다. 인간의 존엄을 존중하고 보호하는 것은 모든 국가권력의 의무이다(독일 헌법 제1조)"라는 헌법 조문이 등장하게 된 것이다.

인간은 범죄를 방지하기 위하여 국가를 세웠다. 그런데 그 국가 자신이 가장 잔학한 '인류에 반하는 범죄'를 스스로 저지른다는 것은 참으로 아이러니가 아닐 수 없다. 도둑을 막아야 할 자가 강도로 변한 것이다. 이렇게 강도단체로 변한 국가를 국가철학적으로 어떻게 이해해야 할 것인가가 여기에서 새로운 국가론의 문제로 등장하게 되었고, 이러한 마피아 집단의 '국가범죄'에 대해 인간은 어떠한 권리를 가지고 어떻게 방어해야 할 것인가가 저항권의 문제로 다시 등장하게 된 것이다.

프랑스 인권선언 제2조는 저항권을 규정하고 폭정에 대해 저항하는 것은 '인간의 권리'라고 선언하고 있다. 그러나 저항권은 그 자체의 폭력성과 무질서성으로 말미암아 법적 안정성을 해친다는 점에서 법철학에서는 항상 긍정하는 견해와 부정하는 견해가 대립해 왔다. 만일 부정설에 따라 저항권의 행사가 허용되지 않는다면, 오늘날 그것은 인간이 인간이기를 포기하고 동물의 단계로 전락하는 것을 감수하라는 것과 마찬가지다. 부정설이 이것을 어떠한 논리에 의해 정당화할 수 있을지 의문이다. 그 정당화는 아마도 "인간이 국가를 위해 존재하는 것이 아니라 국가가 인간을 위해 존재한다"라는 국가철학적 대원칙을 거꾸로 뒤집기 전에는 그 근거제시가 원천적으로 불가능할 것이다. '국가의 안정'이라는 법가치와 '인간의 자유'라는 법가치는 우리 인간에게는 동등한 가치가 될 수 없으며, 따라서 서로 맞바꿀 수 있는 가치가 아니다. 인간의 자유를 희생시키고 국가의 안정을 택한다는 것은 우리 인간에게는 무의미하다.

우리는 인류의 역사에서 저항권에 의한 자유의 혁명을 두 번 경험하였다. 한번은 18세기 말에 절대군주정의 앙시앵 레짐ancien régime을 쓰러뜨린 프랑스 대혁명이고, 또 한 번은 20세기 말에 동유럽에서 일어난 공산주의 독재정권을 해체한 자유의 혁명이다. 동구권에서는 저항권에 의해 인간이 반세기에 걸친 이데올로기의 노예상태에서 해방되었다. 공산주의 독재에 항거하는 저항의 물결은 유럽의 붉은 대륙을 뒤덮었으며, 루마니아의 차우체스쿠는 폭군살해로 처형되었고, 베를린의 장벽은 무너졌으며, 기타의 국가에서 이른바 공산당 서기장이라는 폭군들은 모두 그 권좌에서 쫓겨나고 말았다. 이러한 폭군살해와 폭군방벌의 저항권에 의해 공산주의 독재체제는 해체되었으며, 모든 국민은 악마의 질곡에서 벗어났으며, 독일은 통일이 되었다.

그러나 유독 북한만이 아직도 이데올로기의 노예상태로부터 해방

5

되지 못한 채 유일한 예외지역으로 남아 있다. 이러한 상황에서 오늘날 민족 통일의 논의가 한창이며 여러 가지 방안이 시도되고 있다. 그러나 통일의 과제를 해결하는 한 방법으로 저항권을 머리에 떠올리는 사람은 거의 없는 것 같다. 불과 10년 전에 동유럽에서 일어났던 국민의 저항에 의한 자유혁명을 두 눈으로 똑똑히 보았으면서도, 북한에서는 그러한 저항권의 실현 가능성은 절대로 있을 수 없다고 단정하고 있기 때문이다. 그러나 영원히 무너지지 않는 정부도 있는지 역사에게 한번 물어볼 일이다. 철옹성 같은 권력국가체제는 영원히 무너지지 않을 것 같지만 의외로 안으로부터 쉽게 무너진다. 물론 저항권이 국민의 자유의식과 권리의식이 깨어 있지 않은 곳에서는 절대로 일어나지 않는다는 것은 진리이다. 그러나 그 반대로 자유의식과 권리의식이 깨어 있는 곳에서는 반드시 일어난다는 것도 진리이다. 우리나라에서는 지금 통일방안의 하나로 남북의 화해를 통한 평화공존정책이 추진되고 있는데, 이것은 오히려 결과적으로 영원히 통일을 불가능하게 하는 분할정책으로 굳어 버릴 우려가 없지 않다. 왜냐하면 물과 불과 같이 각기 다른 남북의 체제가 같은 힘을 가지고 공존하고 있을 때 누가 양보하여 하나로 통일하려고 할 것인가.

이와는 달리 저항권에 의하여 한쪽이 무너진다면 독일과 같이 진정한 의미의 통일이 가능할 것이다. 만일 이러한 통일방법을 고려한다면 우선 먼저 한 가지 전제조건을 충족시켜야 한다. 즉 북한 주민들이 자유의식을 가질 수 있도록 모든 가능한 수단을 통해 자유의 물결이 그곳에 들어갈 수 있게 해야 한다. 북한을 개방시켜야 한다. 저항을 통해 독일 통일을 가능하게 한 직접적 원인을 동독 주민들이 자유세계인 서독의 텔레비전을 마음대로 시청할 수 있었던 것에서 찾은 것은 우리에게 교훈이 되어야 할 것이다. 어느 날엔가 북한 주민들이 자유와 인권에 대하여 눈만 뜬다면, 나는 이 지구상에서 가장 캄캄한 인권 사각지대로 남아 있는 북한의 노예사회로부터 인간해방과 인권회복이 이루어질 수 있고, 동시에 통일이 실현될 수 있다는 것을 막연히 관념적으로 소망하는 것이 아니라, 그 실현 가능성을 확신하면서 이 책을 저술한다.

2000년 3월 1일
강릉 夢鹿書齋에서

차례

제1장
법치국가 헌법의 구성원리로서의 저항권

저항권抵抗權은 법치국가의 존립과 운명을 같이한다. 그것은 법치국가 헌법을 쟁취, 유지, 회복하는 수단이기 때문이다. 저항권은 법치국가 헌법이 아직 마련되어 있지 않은 곳에서는 그것을 '쟁취'하기 위한 수단으로서, 법치국가 헌법이 이미 쟁취된 곳에서는 그 '유지'를 위한 수단으로서, 또한 법치국가 헌법이 파괴되었을 때는 그것을 다시 '회복'하기 위한 수단으로서 작용하는 헌법적 구성원리에 속한다.

현대의 법치국가 개념은 단순히 법으로 조직되고 법으로 지배하는 형식적 법치국가形式的 法治國家를 의미하는 것이 아니라 권력을 법에 구속함으로써 인간의 존엄과 가치 그리고 인권을 보호하는 실질적 법치국가實質的 法治國家를 뜻한다. 이것이 형식적 의미의 법치국가와 다른 점은 2단계에 걸친 정당화가 필요하다는 점에 있다. 즉 그 법치국가는 첫째 단계에서는 법을 통해 정당화되고, 둘째 단계에서는 인간가치에 의해 정당화된다는 점이다. 형식적 법치국가는 제1단계인 법에만 구속되고 그 법이 다시 인간가치에 구속된다는 전제를 알지 못한다. 따라서 비인간적인 법, 즉 인권을 침해하는 악법도 효력을 갖는다. 인권을 침해하는 이러한 악법에 권력이 구속된다는 것은 법치국가 개

11

념으로서는 무의미하다.

저항권을 통해 쟁취, 수호, 회복하고자 하는 법치국가의 개념은 인간가치에 구속되는 법치국가, 즉 인간의 존엄과 인간의 기본적 인권을 존중하고 보호하는 실질적 법치국가를 의미한다. 이러한 실질적 법치국가는 인간의 실질적 가치를 보호하기 위하여 국가권력을 통제하는 제도적 장치를 헌법의 구성원리로 자체 내에 가지고 있다. 예컨대 권력분립제도, 헌법재판제도, 행정재판제도, 탄핵제도, 의회제도, 선거제도, 사법권의 독립, 다수정당제도(특히 야당제도), 언론·출판·집회·결사의 자유, 표현·비판·반대·시위의 자유 등의 보장이 그러한 것들이다. 이와 같은 헌법상의 제도들은 국가권력을 감시·통제하여 그 남용을 방지하기 위한 것으로서 이른바 '제도화된 저항권'의 기능을 한다. 그러나 이러한 법치국가 헌법의 제도가 아직 쟁취되지 않았거나, 또는 이미 쟁취되어 있다 할지라도 그것이 명목상의 헌법으로서 현실적인 규범력을 갖지 못할 때는 '제도화되지 않은 저항권'이 원용될 수밖에 없다. Kägi는 제도화된 저항권을 **'헌법내적 저항**(intrakonstitutioneller Widerstand)'이라 하고, 제도화되지 않은 저항권을 **'헌법외적 저항**(extrakonstitutioneller Widerstand)'이라고 부른다.[1]

국가권력을 통제하기 위하여 우리는 최소한 4단계에 걸쳐 차례차례로 원용 가능한 저항권을 찾아볼 수 있다.

1) 법으로써 국가권력을 제한하는 법치국가원칙 일반(Rechtsstaatsprinzip

---

1 W. Kägi, "Probleme des Rechtsstaates", S. 911.

überhaupt)

2) 헌법 파괴의 전 단계에서 법치국가 헌법을 유지하기 위하여 행사되는 모든 항의와 시위, 비판과 반대권(Oppositionsrecht)

3) 헌법 파괴의 진행단계에서 법치국가 헌법을 수호하기 위하여 행사되는 헌법수호권(Verfassungsschutzrecht)

4) 헌법 파괴 후에 법치국가 헌법을 회복하기 위하여 행사되는 저항권 (Widerstandsrecht)

이러한 4단계에 걸쳐 차례차례로 행사되는 저항권의 기능과 목표는 동일하다. 즉 그 기능은 국가권력의 남용을 방지하는 데 있고, 그 목표는 법치국가 헌법을 쟁취, 유지, 수호, 회복하는 데 있다. 다만 앞의 두 단계는 '헌법내적 저항권憲法內的 抵抗權' 또는 '제도화된 저항권'이고, 뒤의 두 단계는 '헌법외적 저항권憲法外的 抵抗權' 또는 '제도화되지 않은 저항권'이다. 이 양자는 상호보완적 역학관계에 놓여 있다. 즉 헌법내적 저항권이 국가권력에 대한 통제기능을 제대로 발휘하고 있는 이상 헌법외적 저항권은 작용할 여지가 없으며, 그 반대로 전자의 저항권이 지닌 기능이 약화 또는 상실되면 후자의 저항권이 강화 또는 발동된다. 양자 사이의 관계는 마치 시소seesaw와 같은 역학관계에 놓여 있다. Kägi는 이 점을 다음과 같이 말하고 있다.

저항권과 법치국가는 상호역학적 원칙하에 놓여 있다. 법치국가의 수위가 내려가면 저항권의 수위는 올라간다. 헌법내적 저항이 기능을 상실하면 헌법외적 저항을 불러들이게 된다. 이 법칙이 더 이상 작용하지 않으면 노예상태로

의 길이 열리게 될 것이다.[2]

　현대 법치국가 헌법은 크게 나누어 두 가지 구성 부분으로 이루어져 있다. 그 하나는 기본권조항인 헌법가치 부분이고, 다른 하나는 그 헌법가치를 보장하기 위한 권력구조의 부분이다. 전자는 헌법의 목적에 해당하고 후자는 그 목적을 실현하기 위한 수단에 해당한다. 따라서 이 두 부분은 권력국가 헌법에서처럼 서로 무관하게 각각 분리되어 있는 것이 아니라 목적과 수단의 관계에서 서로 밀접하게 연결되어 있음을 알 수 있다.

　법치국가 헌법에서 권력구조는 인간의 기본권을 보장하기 위한 합리적이고 합목적적인 수단으로서 민주주의 원리와 법치주의 원리에 따라 엄격하게 통제되어 있다. 우선 민주주의 원리에 따라 권력분립제도, 의회제도, 야당제도, 국민투표제도, 선거제도, 언론제도 등이 권력의 자의성을 제도적으로 배제하고 있으며, 또한 법치주의 원리에 따라 권력을 법에 엄격하게 구속함과 동시에 규범통제 수단으로서 탄핵제도, 헌법재판제도, 행정재판제도 등을 마련함으로써 권력의 남용을 방지하고 있다.

　이렇게 법치국가 헌법은 인간의 기본권을 보장하기 위하여 권력을 정치적·법적으로 통제하는 제도적 장치들을 자체 내에 가지고 있다. 헌법의 권력구조에서 이러한 권력통제 수단들을 규정하지 않는 헌법은 아무리 기본권조항을 금과옥조식金科玉條式으로 나열해 놓았다 할지라도 그것은 가치질서로서의 법치국가 헌법이 될 수 없으며 사이비

2　W. Kägi, a. a. O., S. 911.

법치국가 헌법, 즉 권력국가 헌법에 지나지 않는다. 인간가치의 보호를 목적으로 하는 헌법은 반드시 그에 필요한 수단을 자체 내에 가지고 있어야 한다. 따라서 이 권력통제 수단은 가치질서로서의 법치국가 헌법의 필수적인 구성요소에 해당한다.

저항권도 법치국가 헌법의 이러한 권력통제 수단 중의 하나이다. 다만 그것은 법치국가 헌법 내에 제도화된 다른 권력통제 장치들이 그 기능을 상실했을 때 보충성의 원칙에 따라 최후의 마지막 수단으로 투입되는 권력통제 수단이다. 이 최후수단성은 저항권의 조항이 헌법에 실정화되어 있는지에 관계없이 '헌법외적 저항'으로 특징지어진다. 왜냐하면 저항권은 그것이 헌법 내에 실정화되어 있는 경우에도 다른 권력통제 수단들과 함께 작용하는 것이 아니기 때문에 '헌법적 저항'이 될 수 없고, 다른 수단들의 작용이 멈춘 때에 비로소 작동하는 것이므로 언제나 **'헌법외적 저항'**에 속한다. 이처럼 저항권은 그것이 실정법에 근거하든, 자연법에 근거하든, 헌법 밖에서 인간의 기본권을 보호하기 위한 권력통제 수단으로서 법치국가 헌법의 내재적 구성원리를 이루고 있다.

제2장
저항권의 개념과 본질

Ⅰ. 비판·반대권으로서의 저항권

법치국가는 헌법상 언론·출판·집회·결사의 자유 및 표현·시위의 자유를 인정하며, 그러한 자유를 통하여 국민은 국정을 비판, 항의, 규탄, 반대하는 것이 허용되어 있다. 헌법상 보장된 이러한 정치적 자유권을 행사함으로써 국가권력의 남용은 예방될 수 있고 그 오용은 시정될 수 있다. 그래서 이것은 '**예방적 저항권**豫防的 抵抗權'이라 할 수 있다. 이 예방적 저항권은 법치국가 헌법을 전제하며 그 헌법에서 보장된 기본권을 행사하는 것이므로 '헌법내적 저항'에 속한다. 이는 주로 비판, 항의, 규탄, 농성, 반대 등의 시위형태로 나타나는 것이지만, 그것이 전면적 파업이나 폭력적 투쟁형태로 나타날지라도 그것은 어디까지나 헌법상 보장된 자유권의 행사로서 '**헌법내적 저항**'에 속한다. 이것과 '헌법외적 저항'은 구별되어야 한다. 왜냐하면 허용된 합법적 폭력과 법률상 금지된 비합법적 폭력의 구별이 여기서 문제가 되기 때문이다. 헌법내적 저항권은 헌법상 허용된 합법적 폭력행위이며 현존 질서의 합헌성과 정당성을 부인하지 않으며 오히려 그 현존 헌법질서의 보장하에서 그 현존 헌법질서의 유지를 위해 행해지는 것이다. 이와는 달리 헌법외적 저항권은 현존 헌법질서를 부인하거나 파괴하기 위하여 행해지는 것이며, 그 대상은 불법국가이지 법치국가는 아니다. 따라서 법치국가 헌법 내에서 보장된 비판적 시위권이나 반대권反對權을 행사하면서 '저항권'을 원용하는 것은 법적으로 정당화되지 않을 뿐만 아니라 개념의 모순이다. Neidert는 이 점을 적절하게 지적하고 있다.

　　법치국가 내에서의 합법적인 비판적 반대권과 불법국가에 대한 저항권을 혼동해서는 안 된다. 전자는 기본권의 비판적 행사이며 후자는 인권과 기본권을 극단적인 경우에 방어하기 위한 최후의 수단으로 원용되는 것이다. 비판적 반대권은 그 자체 합법적이며 정상적인 권리보호에 의해 보장되어 있다. 그러나 저항권은 그 자체에 대한 특수한 정당화 근거를 제쳐 놓는다면 비합법적 자구행위이며 법률에 반하는 것이다. 국가권력을 감시하고 통제하는 옴부즈맨(Ombudsman)의 기능은 합법적인 반대권의 정상적인 권리보호제도이다. 이러한 반대권을 저항권과 동일시하는 것은 불법국가의 극단적 상황을 법치국가 안으로 끌어들이는 결과를 가져오게 된다.[1]

　헌법내적 저항과 헌법외적 저항을 그 행위 양태에서 구별하는 것은 불가능하다. 저항의 행위 양태가 폭력적이든 비폭력적이든, 적극적이든 소극적이든, 그것이 '저항상황'에서 행해지면 헌법외적 저항권의 행사이며 저항상황이 아닐 때 행해지면 헌법내적 저항권, 즉 비판적

1　R. Neidert, "Renaissance des Widerstandsrechts?", S. 248.

반대권의 행사에 지나지 않는다. 역사적 경험에 의하면 비판이나 반대가 허용되는 법치국가에서는 저항이 오히려 적극적 시위의 형태로 폭력화하는 경향이 있는가 하면, 그 반대로 그러한 비판이나 반대가 허용되지 않는 독재주의 체제나 전체주의 체제에서는 국가에 의한 강력한 탄압으로 말미암아 소극적이고 비폭력적인 저항이 행해지는 것이 일반적이며, 심지어는 전혀 아무런 저항 없이 강요된 절대복종의 노예상태가 계속되는 경우도 허다하다.

헌법내적 저항과 헌법외적 저항은 그 폭력성과 비폭력성에 따라 구별될 것이 아니라 그 합법성과 비합법성, 그 정당성과 비정당성에 따라 구별되어야 한다. 이 양자의 개념을 혼동하면 불법국가의 비정상적 상황을 법치국가 안으로 끌어들여 저항권의 행사를 일상화시켜 정상상황에서 폭력이 난무하는 무정부상태가 야기될 위험이 있을 뿐만 아니라 비민주적·체제전복적 혁명분자들에 의하여 저항권이 남용되어 법치국가 헌법 자체를 파괴하는 우愚를 범할 수 있을 것이다. '법치국가 내에서의 저항권'은 '불법국가 내에서의 비판적 반대권'만큼이나 모순된 개념이다. 불법국가 내에서 현실적으로 비판적 반대권이 허용되지 않는 것과 같이 법치국가 내에서는 저항권이 허용될 수 없는 것이다.

그럼에도 불구하고 저항권의 발동을 그와 같이 불법국가에만 한정한다면 거의 그 실효성을 기대할 수 없다는 이유에서 그것을 법치국가 내로 끌어들일 것을 주장하는 사람들도 없지 않다.[2] 왜냐하면 일단

---

2 A. Kaufmann, "Einleitung", in: *Widerstandsrecht*, S. XI 이하; M. Pribilla, *Deutsche Schicksalsfragen*, S. 290, 312; F. Bauer, "Ungehorsam und Widerstand in Geschichte und Gegenwart", S. 292; E. Weniger, "Gehorsamspflicht und Widerstandsrecht in

독재정권이 확립되어 탄압을 시작하게 되면 저항을 통하여 그 체제를 배제할 가능성은 극히 희박하기 때문이다. 그때는 이미 늦다는 것이다. 따라서 가장 효과적인 저항은 독재정권이 확고하게 확립되기 전에 행해져야 한다는 것이다. 이러한 경고는 충분한 근거가 있다고 본다. 왜 독재정권이 확고하게 틀을 잡아 사실상 저항이 불가능할 때까지 기다리고 있어야 할 것인가? 그것은 Locke의 말을 빌린다면, "국민이 우선 노예가 되고 난 다음에 그들의 자유를 위하여 투쟁하라고 명령하는 것과 같으며, 또한 그들을 쇠사슬로 얽매어 놓고 자유롭게 행동하라고 하는 것과 마찬가지이다."[3] 따라서 독재정권이 확고하게 틀을 잡기 전에 그러한 상태에 이르지 못하도록 '일상적이고 (alltäiglich)', '작은(klein)', '부분적인(partiell)' 저항이 행해질 필요가 있다는 것이다. 법치국가 내에서의 이러한 예방적 저항이 불법국가에 대한 보복적 저항보다 더 효과적이라는 데 대하여 이론異論의 여지는 없다. 그러나 그 저항의 본질은 비판권이나 반대권의 행사이지 저항권의 행사는 아니다.

헌법내적 저항권인 비판적 반대권과 헌법외적 저항권의 관계는 다음과 같이 이해되어야 할 것이다. 즉 비판적 반대권은 그러한 정치적 자유가 허용된 법치국가 내에서 저항상황에 이르지 않도록 예방하는 기능을 하는 것이며, 저항권은 그러한 정치적 자유가 허용되지 않는 한 불법국가 내에서 저항상황을 배제하는 기능을 하는 것이다. 따라서 저항권은 비판하고 반대할 자유가 없는 곳에서 그러한 자유를 획

---

der Demokratie", S. 419; E. Jung, "Gedanken zum Widerstandsrecht", S. 476.

3 J. Locke, *Two Treatises of Government*, II, chap. 19, § 220, p. 429.

득하기 위해 투쟁하는 것이지만, 비판적 반대권은 비판하고 반대할
자유가 있는 곳에서 헌법상 보장된 그 자유권을 행사함으로써 저항상
황이 나타나지 않도록 예방하는 것이다. 비판과 반대를 할 수 있는 곳
에서 구태여 저항을 할 필요는 없다. 따라서 전체주의적 권력국가는
항상 저항상황하에 놓여 있는 것이지만 자유민주주의 법치국가는 결
코 저항상황하에 놓일 수 없다.

헌법내적 저항, 즉 자유민주주의 법치국가 안에서의 저항은 저항
권의 성립요건인 최후수단성의 조건을 충족시키지 못한다. 독일 헌법
재판소에 따르면 "저항권의 행사는 법질서에 의하여 동원될 수 있는
모든 구제수단이 실효성을 상실할 때 법의 유지와 회복을 위해 남겨
져 있는 마지막 수단이어야 한다."[4] 저항권의 이 최후수단성(ultima
ratio)의 성격에 대하여는 독일의 판례뿐만 아니라 학설도 의견의 일
치를 보인다. 비판권이나 반대권과 같은 헌법내적 저항은 헌법에서
보장된 기본권을 행사하고 있는 것이며, 침해된 기본권을 다시 회복
하기 위한 마지막 수단으로서의 저항권은 아니다. 인권보호를 위한
사전적 저항과 사후적 저항은 그 본질적 의미가 다르다. 사전적 저항
은 일종의 '예방적 저항권'으로서 인권 보호를 위하여 자유민주주의
헌법 내에 권력통제 수단으로 이미 제도화되어 있다. 그것은 '제도화
된 저항권'이다. 헌법에 제도화된 저항권을 행사하는 것은, 엄밀한 의
미에서는 **'헌법의 실행**(Verfassungsvollzug)'이지 저항권의 실행은 아
니다. 이 헌법의 실행으로서의 저항은 법의 유지와 회복을 위해 남겨
져 있는 '마지막 수단(ultima ratio)'이 아니라 오히려 '처음의 수단

---

4 *BVerfGE* 5, S. 337.

(prima ratio)'에 해당한다. 저항권은 이 '처음의 수단'이 실효성을 상실할 때 비로소 원용할 수 있는 '마지막 수단'에 해당하는 것이다. '제도화된 저항권'과 '제도화되지 않은 저항권'을 혼동해서는 안 될 것이다.

Ⅱ. 헌법수호권으로서의 저항권

독일 헌법 제20조 4항은 헌법수호권憲法守護權으로서의 저항권을 규정하고 있다.

> 이 질서(자유민주주의 헌법질서)를 배제하려고 시도하는 모든 자에 대하여 다른 구제수단이 불가능한 경우, 모든 독일국민은 저항할 권리를 가진다.

이 저항권은 쿠데타나 혁명에 대응하는 저항권으로서 그 목적은 자유민주주의 헌법질서를 수호하는 데 있다. 이 헌법수호권으로서의 저항권은 폭군에 대항하는 저항권이 아니라 **찬탈**篡奪에 대응하는 저항권이다. 여기에서의 저항상황은 쿠데타나 혁명에 의한 찬탈로 인해 국가권력의 작용이 배제되는 권력진공상태權力眞空狀態가 전제되어 있으며, 폭군에 의해 인권이 탄압되는 권력남용상태權力濫用狀態가 문제가 되는 것이 아니기 때문이다. 우리가 흔히 볼 수 있는 군사쿠데타나 적색혁명과 같은 것이 그 전형적 예이다.

독일 헌법 제20조 4항에 의하면, 이 헌법수호권으로서의 저항권의 성립요건은 쿠데타세력이나 혁명세력에 대하여 "다른 구제수단

저항권

이 불가능할 때" 비로소 시민의 저항권을 발동하게 되어 있다. 여기서 헌법을 수호할 '다른 구제수단'이란 국가기관에 의한 구제수단을 의미한다. 헌법수호의 제1차적 책임은 국가기관이 지고 있는 것이며 국민이 지는 것이 아니다. 그러나 기습적인 쿠데타나 혁명에 의해 모든 국가기관의 작용이 마비되어 대응 능력을 상실하였을 때 국민이 국가를 대신해서 헌법수호에 나서는 것이 독일 헌법 제20조 4항의 저항권이다.

따라서 이 저항권의 본질은 '**국가긴급구조권**(Staatsnothilferecht)' 의 성질을 띠고 있다. 국민은 이때 '국가의 긴급구조자'[5]로서 '국가를 위하여',[6] '국가권력을 대신해서'[7] 행사하는 것이다. 이때 국민의 저항행위를 특히 '**헌법긴급구조**(Verfassungsnothilfe)'[8]라고 일컫는 것은 바로 그 때문이다. 따라서 이 저항권의 보호법익은 헌법질서의 안전성이지 인권은 아니다. 이 저항상황에서 직접적인 공격대상은 정부이지 인간이 아니다. 다시 말하면, 헌법수호권으로서의 저항권의 직접적인 보호대상은 국가의 기본**질서**(Grundordnung)이며 인간의 기본**권**(Grundrecht)이 아니다.[9] 이 점에서 헌법수호권으로서의 저항권은 인권보호권으로서의 저항권과 명백히 구별된다.

이러한 두 가지 저항권의 본질적 차이를 확인하기 위하여 독일 헌

5 J. Isensee, *Das legalisierte Widerstandsrecht*, S. 88.
6 J. Isensee, a. a. O., S. 88.
7 J. Isensee, a. a. O., S. 69.
8 H. Schneider, *Widerstand im Rechtsstaat*, S. 13, 17.
9 H. Scholler, "Widerstand und Verfassung", S. 36; H. Schneider, a. a. O., S. 13; F. v. Peter, "Bemerkungen zum Widerstandsrecht des Art. 20 IV GG", S. 719; J. Isensee, a. a. O., S. 52.

법 제20조 4항의 저항권의 적용한계를 분석해 볼 필요가 있다. 이 저항권은 기존 헌법질서에 대한 쿠데타세력의 공격이 실패하고 다시 정상적인 헌법질서상태가 회복되었을 때, 또는 그 반대로 국민에 의한 방어 행위가 실패하고 성공한 쿠데타세력에 의해 새로운 헌법질서가 확립되었을 때 그 적용대상을 상실한다.[10]

이것이 의미하는 바는, 국민에 의한 저항은 기존 헌법질서의 기능이 잠정적으로 정지된 기간에만 행해질 수 있다는 점이다. 더 정확히 말하면, 이 저항권은 찬탈세력의 헌법 파괴행위가 이미 '완료'되었으나 아직 '확정'되지 않은 기간에만 그 실행이 가능하다는 점이다.

이 중간기간은 문자 그대로 **'무정부상태'**이다. 왜냐하면 쿠데타에 의해 기존의 정부는 이미 배제되었지만, 아직 새로운 정부가 들어서지 않았기 때문이다. 이 정부 없는 중간기간은 국가진공상태로서 법치국가에 속하는 것도 아니고 불법국가에 속하는 것도 아니다. 국가의 기능이 완전히 정지된 이 기간에는 국가권력의 작용도 완전히 정지되어 있기 때문에 정부가 국가권력을 남용하여 국민의 인권을 탄압하는 일은 생길 수 없다. 따라서 이때는 인권보호권으로서의 저항권은 그 적용대상을 발견할 수 없다.

찬탈에 대응하는 저항권과 폭군에 대항하는 저항권은 이처럼 각각 다른 전제조건과 다른 목표 그리고 다른 대상에 관계되어 있다. 이러한 두 저항권의 본질적 차이는 헌법수호권의 저항상황이 끝나고 난 다음에 어떠한 정부가 들어서느냐에 따라 그 대응방식도 달라진다는 데서 더욱 명백하게 드러난다. 만일 헌법수호권으로서의 저항권이 성

---

10 J. Isensee, a. a. O., S. 62; F. v. Peter, a. a. O., S. 720; H. Scholler, a. a. O., S. 39.

공하여 기존의 헌법질서를 다시 회복했다면 인권보호권으로서의 저항권은 그 적용대상을 찾을 수 없으며, 그 반대로 헌법수호권으로서의 저항권이 실패하여 자유민주주의 헌법이 마지막 숨을 거두고 새로운 정부가 들어설 때 그 새 정부가 기존 정권과 같이 인권을 존중하는 자유민주주의 헌법을 선택하였다면, 쿠데타에 의한 비합법적 정부라는 정통성의 시비는 있을지언정, 인권보호권으로서의 저항권은 그 대상을 발견할 수 없다. 이와는 달리 새로 들어선 정부가 독재정부로서 인권을 탄압하는 권력국가 헌법을 선택하였을 때는 인권보호권으로서의 저항권은 그때부터 그 적용대상을 발견하게 된다. 이때 쿠데타 정부에 대한 저항은 그 쿠데타 정부가 들어서지 못하도록 찬탈을 저지하는 저항과는 완전히 성질이 다른 저항권이다. 찬탈과 폭정은 다 같이 저항권의 대상이지만 그 저항권의 근거와 본질이 다르므로 혼동을 피해야 할 것이다.

Ⅲ. 인권보호권으로서의 저항권

우리는 인권보호권으로서의 저항권을 프랑스 인권선언 제2조와 독일 베를린 헌법 제23조 및 브레멘주 헌법 제19조에서 발견할 수 있다.

1) 프랑스 인권선언 제2조:
모든 정치적 결합의 목적은 생래적이고 불가양의 인권을 보호하는 데 있다. 그것은 자유권과 소유권과 안전권 그리고 압제에 대한 저항권이다.

2) 독일 베를린 헌법 제23조:

헌법에서 보장된 기본권이 현저하게 침해될 때에는 모든 사람은 저항할 권리를 가진다.

3) 독일 브레멘 주 헌법 제19조:

헌법에서 보장된 인권이 공권력에 의해 헌법에 반하여 침해될 때에는 저항은 모든 사람의 권리인 동시에 의무이다.[11]

위의 헌법 조항에서 알 수 있는 바와 같이 저항권은 사람의 권리, 즉 '인권'이라고 말하고 있다. 정확히 말하면 '인권을 보호하기 위한 인권'이다. 이 인권보호권으로서의 저항권은 헌법수호권으로서의 저항권과 다르다. 헌법수호권으로서의 저항권은 국가의 객관적인 헌법질서에 대한 공격에 대응하는 것이지만, 인권보호권으로서의 저항권은 인간의 주관적인 권리에 대한 침해에 대응하는 방어수단이다. 그래서 그것을 '**인권을 보호하기 위한 인권**'이라고 일컫는다.

원래 인권의 보호책임은 법치국가의 법질서가 지고 있는 것이지만 그 보호막인 법질서가 국가권력의 남용으로 인하여 파괴되어 버리면 인간 스스로 자기보호를 할 수밖에 없다. 그것이 인권보호권으로서의 저항권으로 나타나는 것이다. 이 저항권은 법질서가 인권의 보호막

---

11 1793년의 프랑스 헌법 제33조도 저항권은 인권으로부터 나온다고 말한다. "Art. 33. La résistance à l'oppression est la conséquence des autres droits de l'homme."
　또한 인권보호권으로서의 저항권에 관한 규정은 이미 1776년의 미국의 메릴랜드주 헌법 '권리선언' 제4조에서도 발견된다: "The doctrine of nonresistance, against arbitrary power, and oppression, is absurd, slavish and destructive of the good and happiness of mankind." 이러한 저항권에 관한 규정은 1776-1784년에 미국 여러 주의 헌법, 즉 버지니아주, 펜실베이니아주, 매사추세츠주, 버몬트주, 뉴햄프셔주 헌법의 '권리선언'에서도 발견된다.

역할을 하는 법치국가(Rechtsstaat)에서는 존재할 필요가 없으며, 법
질서에 의한 보호가 완전히 탈락된 **불법국가**(Unrechtsstaat)에서만 필
요한 권리이다. Schneider에 의하면 "저항권이 설 자리는 오로지 불
법국가일 뿐이며 그 불법국가는 인간의 실질적 기본가치인 자유, 평
등, 사회적 책임을 존중하지 않는 국가를 의미하며, 그리고 이러한 실
질적 가치를 보장하기 위하여 마련된 형식적 보호원칙들이 그 의의를
상실한 국가를 의미한다."[12] 이와 마찬가지로 독일 헌법재판소의 판
결도 저항권은 불법국가를 전제하며, 그것은 인간의 실질적인 기본가
치가 헌법적 보장 없이 직접적으로 국가의 자의적 권력恣意的權力에 노
출된 국가라고 말한다.[13]

이러한 불법국가에 의하여 인간의 실질적 기본가치인 인간의 존엄
과 인간의 권리가 직접적으로 침해되는 상황을 일반적으로 학자들은
'한계상황(Grenzsituation: Grenzfall)'이라고 하고,[14] 때로는 '극단적
인 비상상황(äußerster Notfall)'[15] 또는 '극단적인 예외상황(extremer
Ausnahmefall)'[16]이라고도 하며, 때로는 '명백한 불법상황(Fall von
offenkindigem Unrecht)'이라고 하기도 한다.[17] 이러한 상황이 바로
여기서 문제가 되는 인권보호권으로서의 저항권의 전제가 되는 '저항
상황抵抗狀況'이다. 이 저항상황은 형식적으로는 법치국가 헌법의 기능

---

12 P. Schneider, "Widerstandsrecht und Rechtsstaat", S. 17 이하.
13 *BVerfGE* 5, S. 376.
14 W. Kägi, a. a. O., S. 911.
15 H. Sladeczek, "Zum konstitutionellen Problem des Widerstandes", S. 376; A. v. Winterfeld, "Grundfragen und Grenzen des Widerstandsrechts", S. 1419.
16 E. Jung, a. a. O., S. 476; P. Schneider, "Die heutige Position – staatsrechtlich", S. 149.
17 *BVerfGE* 5, S. 377.

이 완전히 배제된 곳에서, 그리고 실질적으로는 인간의 존엄과 가치 그리고 인권이 직접적으로 침해되는 곳에서 발견된다. 법치국가 헌법의 보호벽이 무너져 내린 상태에서 직접적으로 국가권력에 노출되는 것은 바로 인간의 존엄과 인간의 권리이므로, 이러한 인간가치를 보호하기 위해 불법국가를 배제하고 법치국가를 쟁취하기 위한 투쟁을 벌이게 된다. 이러한 **'인권을 위한 투쟁'**을 우리는 '인권보호권으로서의 저항권'이라 부른다.

1. 최후수단으로서의 저항권

법치국가 헌법에는 인권을 보호하는 모든 수단이 제도화되어 있다. 먼저 공권력에 의한 개별적인 인권침해는 사법적 수단에 의해 구제될 수 있다. 예컨대 헌법재판이나 행정재판 등에 의하여 법적 구제가 가능하며, 부분적으로는 형사재판이나 민사재판에 의해서도 가능하다. 국가에 의한 인권침해뿐만 아니라 개인이나 사회집단에 의한 인권침해도 법치국가에서는 법적 수단에 의해 구제될 수 있다. 그리고 법치국가 헌법에는 국가권력의 남용에 의한 인권침해를 사전 예방하는 모든 제도적 장치들이 있다. 직접적으로는 헌법에서 보장하고 있는 언론·출판·집회·결사의 자유, 표현·비판·반대·시위의 자유 등 이른바 정치적 자유권들이 이에 속하고, 간접적으로는 권력분립제도, 의회제도, 헌법재판제도, 탄핵제도, 사법권의 독립, 야당제도 등도 모두 국가권력에 의한 인권침해를 사전에 막기 위한 제도적 장치들이다. 이뿐만 아니라 '범죄인의 마그나 카르타Magna Charta'라고 불리는 형사

소송법도 공권력에 의해 피의자 또는 피고인의 인권이 침해되지 않도록 예방하는 법적 수단이다. 이러한 모든 법적 구제수단이나 정치적 예방수단들이 제도적으로 마련되어 있는 법치국가에서 저항권은 애당초 발붙일 곳이 없다. 이른바 이러한 '제도화된 저항권'의 작용이 제대로 기능을 발휘하고 있는 한 '제도화되지 않은 저항권'은 불필요할 뿐만 아니라 오히려 유해하다.

그러나 이러한 법적 구제수단들이나 정치적 예방수단들이 아직 제도적으로 마련되어 있지 않은 권력국가의 경우 또는 그러한 수단들이 이미 제도적으로 마련되어 있는 법치국가라 할지라도 그 헌법이 명목상의 헌법으로서 권력이 이에 구속되지 않고 인권을 침해할 경우는 저항권 외에는 인권을 보호할 다른 수단들이 남아 있지 않다. 법으로써 인권침해를 막지 못하는 한 힘으로써 막고자 하는 것이 저항권의 존재 이유이다. 이처럼 저항권은 보충성補充性의 원칙에 따라 최후수단最後手段으로서만 정당화될 수 있다. 저항권의 이러한 **최후수단성**(ultima ratio)에 관하여 대다수 학자의 견해가 일치되어 있다.

Kägi에 의하면 "저항권은 예외적인 한계상황에서 적용되는 일종의 긴급권(Notrecht)이다. 이 권리는 형식적으로는 법치국가적인 헌법상의 제도적 장치를 통한 방어 가능성이 배제된 곳에서 정당화되며, 실질적으로는 법치국가의 가치 핵심인 기본권이 징발되는 곳에서 정당화된다. 즉 저항권은 인간의 기본권에 대한 침해에 대응하는 권리이다."[18]

Winterfeld도 "자유와 평등과 인간의 존엄이라는 최고가치를 보호

---

18 W. Kägi, a. a. O., S. 911.

하는 자유민주주의 기본질서의 핵이 자의와 폭력에 의하여 파괴되고, 그리고 국가질서에 의한 모든 법적 구제가 불가능할 때"[19] 저항상황이 나타난다고 한다.

Pribilla도 같은 말을 하고 있다. "저항권의 전제로서 국가권력의 현저한 남용이 있어야 한다. 즉 모든 자유가 탄압되고 권력이 법을 완전히 밀어냈을 때, 그리고 모든 평화적이고 합헌적인 구제수단이 사라졌을 때"[20] 인권을 보호하기 위한 최후의 마지막 수단으로서만 저항권이 원용될 수 있다.

위에서 살펴본 바와 같이, 저항권이 정당화되기 위해서는 두 가지 요건을 충족해야 한다. 첫째, 인권보호를 위한 모든 제도적 수단이 소진되었을 것. 둘째, 인권이 직접적으로 침해되었을 것. 저항권의 성립요건으로서 이 두 가지의 전제조건은 표리관계에 놓여 있다. 즉 인권보호를 위한 모든 제도적 장치들이 기능을 제대로 발휘하면 인권침해는 일어나지 않을 것이며, 반대로 그 제도적 장치들이 기능을 제대로 발휘하지 못하면 인권침해는 불가피하게 일어난다. 다시 말하면, 제도화된 저항권과 제도화되지 않은 저항권, 즉 헌법내적 저항권과 헌법외적 저항권의 상호 관계는 전자의 기능이 정상적으로 발휘되면 후자의 존재 이유는 사라지고, 반대로 전자의 기능이 배제되면 후자의 존재 이유는 필연적이다. 이러한 저항권의 존재 필연성은 이미 법실증주의 시대에 Hippel이 고백한 바 있다. "저항권을 원칙적으로 부인하는 자들도 결국은 그것을 인정하지 않을 수 없음을 깨

---

19 A. v. Winterfeld, a. a. O., S. 1419.
20 M. Pribilla, a. a. O., S. 302 이하.

닫게 될 것이다."[21]

2. 혁명권으로서의 저항권

헌법수호권으로서의 저항권은 불법국가를 전제하지 않고 법치국가로부터 출발한다. 왜냐하면 이 저항권은 법치국가 헌법을 유지·수호하는 것을 목적으로 하기 때문이다. 따라서 이 저항권의 성질은 '**보수적**(konservierend)'이다.

Sladeczek는 이 점을 다음과 같이 적절하게 표현하고 있다.

이 저항권은 헌법적으로는 …… 혁명과 같이 …… 기존 법질서에 대한 공격을 지향하는 것이 아니라 방위를 하기 위함이다. 이 저항의 본질은 정통성의 단절, 실체적 의미의 법파괴, 즉 기존의 정당한 헌법상태의 죽음을 저지하는 데 있으며, 따라서 그 성질은 보수적이다. 이 저항의 기존 헌법상태와의 관계는 긍정적이며, 그 헌법을 파괴하는 것이 아니라 극단적인 긴급상황에서 기존 헌법을 수호하는 마지막 수단으로서 '모든 권리 중의 권리'이다.[22]

이와는 달리 인권보호권으로서의 저항권은 필연적으로 불법국가를 전제하며 법치국가로부터 출발하지 않는다. 왜냐하면 여기서는 수호대상으로서의 법치국가는 이미 존재하지 않기 때문이다. 따라서 이 저항권은 헌법수호권과 같이 법치국가를 유지·수호하는 것을

---

21 E. v. Hippel, "Das richterliche Prüfungsrecht", S. 551.
22 H. Sladeczek, a. a. O., S. 370.

지향하는 것이 아니라 불법국가를 배제·극복하는 것을 목적으로 하고 있다. 이처럼 불법국가로부터 출발하는 저항권은 본질상 '**혁명적**(revolutionär)'일 수밖에 없다.

Weniger와 Reh는 이 점을 다음과 같이 적절하게 지적하고 있다.

(인권보호권으로서의) 저항권은 필연적으로 불법을 극복하고 새로운 법질서를 창출하기 위해 기존의 법질서의 효력을 배제하는 혁명적 작용일 수밖에 없다.[23]

전체주의국가에 대한 저항은 합헌적 질서의 유지에 이바지하는 것이 아니라 그 변혁을 시도하는 것이므로 혁명적일 수밖에 없다.[24]

그러나 이 '**혁명적 저항권**革命的 抵抗權'은 반드시 '혁명'의 개념과 일치하는 것은 아니다. 즉 모든 혁명이 이 혁명적 저항권에 의해 정당화되는 것은 아니다. 헌법의 영역에서 기존질서의 전면적인 파괴행위가 '혁명'인가 '저항'인가를 가려내는 확실한 판단척도가 종래에는 없었기 때문에 역사에서 실은 저항권의 행사를 혁명으로 낙인찍는가 하면, 그 반대로 실은 혁명으로서의 국가전복의 성공을 저항권의 행사로 찬양하기도 하였다.[25] 그러나 그 내용을 자세히 들여다보면 양자는 그러한 형식상의 공통점에도 불구하고 각각 다른 전제와 다른 목표를 지향하고 있음을 알 수 있다.

---

23 E. Weniger, a. a. O., S. 421.
24 H. J. Reh, "Kommentar zu Art. 146 und Art. 147 der Hessischen Verfassung", S. 6.
25 W. Geiger, *Gewissen, Ideologie, Widerstand, Nonkonformismus*, S. 103.

혁명은 그것이 이데올로기적 조건에 따른 것이든 단순히 권력정치적 동기에 따른 것이든, 국가권력을 장악하기 위한 '권력투쟁(Machtkampf)'이 그 본질을 이루고 있지만, 저항권은 국가권력의 남용을 견제하기 위한 '**법투쟁**(Rechtskampf)'에 관계되어 있다. 그리고 양자 모두 폭력을 사용하지만, 혁명은 권력을 장악하기 위한 '공격적 폭력행위'임에 반해 저항권은 국가권력의 남용에 대한 '**방어적 폭력행위**'이다.[26] 따라서 저항은 국가권력에 의한 공격을 전제하고서만 생각될 수 있으며 혁명은 그러한 전제를 알지 못한다. 저항에서는 국가권력에 의한 인권의 탄압에 대한 방어수단으로서의 법투쟁이 문제가 되어 있으므로, 이러한 투쟁에 의해 쟁취되어야 할 질서는 결코 권력투쟁에 의한 혁명에서처럼 이데올로기적 조건에 따른 사회질서가 아니라 이데올로기 비판적 기초에 따른 인간사회의 기본질서, 즉 인간의 존엄과 가치 그리고 인권이 존중되는 사회질서이다. 법을 위한 정당한 투쟁으로서의 저항은, Sladeczek가 적절히 지적한 바와 같이, "이데올로기와는 무관한 하나의 공평무사한 중립적 정치행위이다."[27]

이러한 관점에서 바라볼 때 혁명적 저항권은 어떤 경우에는 혁명과 모순되는 반혁명이 될 수도 있을 것이다. 즉 혁명에 의해 새로이 확립된 어떤 헌법체제가 인권을 존중하지 않는 권력국가적 파쇼체제나 독재체제일 경우, 혁명적 저항권은 이 체제에 도전하여 다시 혁명을 수행해야 할 과제를 안게 된다.

26 P. Schneider, "Revolution", Sp. 1869; F. A. F. v. d. Heydte, "Vom heiligen Reich zur geheiligten Volkssouveränität", S. 15; C. Brinkmann, *Soziologische Theorie der Revolution*, S. 8; J. Messner, *Das Naturrecht*, S. 696 이하, 특히 694.
27 H. Sladeczek, a. a. O., S. 371.

그러나 혁명과 저항권은 다 같이 비합법적 폭력을 동원해 기존 체제에 도전하는 것이므로 법실증주의 시대에는 양자가 다 같이 법파괴로 간주되었고 그 정당성이 부인되었다. 19세기 이후 법실증주의가 지배하던 시대의 형식적 법치국가관은 저항권을 법과 국가의 본질에 반하는 것으로 이해했다. 즉 저항권은 법치국가의 개념과 모순되며 그것은 법치국가에서는 영원히 사라져 없어졌다고 단정했었다. Gierke, Jellinek, Wolzendorff 등은 이 점을 다음과 같이 말한다. 즉 국가는 인간공동체에 있어서 최고권력이다. 그것은 자기 자신 위에서 있으며 더 높은 어떤 다른 권력으로부터 도출되지 않는 최고의 지배권력이다. 이 국가는 그의 지배권력을 행사하는 데 있어서 그 자신의 법규범에 구속되어 있다. 즉 지배권력은 법에 구속된다. 지배권력의 작용은 오로지 법질서의 범위 내에서만 전개된다. 그러한 국가는 '법치국가(Rechtsstaat)'이다. 따라서 현대국가는 더 이상 저항권이라는 것을 인정할 수 없다. 왜냐하면 저항권이라는 것은 결국 국가의 지배권력을 법적으로 포기한다는 것을 뜻하는 것이며, 그것은 국가가 자기의 본질을 스스로 포기하는 것으로서 법논리상 있을 수 없다. 국가권력에 도전하고 그것을 완전히 파멸시켜 버리는 그러한 권리를 승인하는 것은 국가의 실체와 구조를 파괴하는 것을 승인하는 것과 마찬가지이다. 그러나 그러한 것은 있을 수 없는 일이다. 따라서 현대국가에서는 법논리상 저항권이 설 자리는 없으며 그것은 영원히 사라졌으며 그 수명을 다한 것이다.[28]

---

28 O. v. Gierke, *Grundbegriffe des Staatsrechts*, S. 96 이하, 107; G. Jellinek, *Allgemeine Staatslehre*, S. 489; K. Wolzendorff, *Staatsrecht und Naturrecht in der Lehre vom Widerstandsrecht des Volkes gegen rechtswidrige Ausübung der Staatsgewalt*, S. 461

이처럼 19세기의 법실증주의에 기초한 형식적 법치국가관은 저항
권의 존재를 부인할 수 있다고 믿었다. 그러나 그것은 환상이었다. 왜
냐하면 형식적 법치국가관은 권력이 법에 구속되지만, 그 법이 다시
인간가치에 구속된다는 전제를 알지 못하기 때문이다. 따라서 비인간
적인 법, 즉 인권을 침해하는 악법도 여기서는 효력을 갖는다. 이러한
악법에 권력이 구속된다는 것은 법치국가개념으로서는 무의미한 것
이다. 권력의 단순한 도구에 지나지 않는 법, 즉 악법에 권력이 구속
되는 국가는 실은 권력국가이지 법치국가가 아니다. 우리는 이러한
사이비 법치국가개념을 법실증주의 시대의 Kelsen이나 Jellinek 등
의 국가론에서 쉽게 찾아볼 수 있다.

법실증주의法實證主義에서는 악법惡法의 개념이 따로 있을 수 없었다.
법은 법이며 악법도 법이었다. 이러한 가치맹목적인 법률관은 형식만
법률이면 내용은 악법이라 할지라도 그 법률성을 그들의 실증주의적
논리로써는 부인할 수 없었다. 따라서 인권을 침해하는 법률도 효력
을 갖고 국가권력은 그 악법에 구속되는 것이다. 이렇게 법실증주의
는 권력실증주의權力實證主義를 수반한다. 법실증주의가 가치맹목적인
법률관이라면, 권력실증주의는 가치맹목적인 권력관이다. 법실증주
의가 법 가운데서 악법의 개념을 따로 인정할 수 없었던 것처럼 권력
실증주의도 국가권력에서 악마의 권력개념을 따로 가려낼 수 없었다.
왜냐하면 형식적 법치국가에서는 악법도 효력을 갖고 그 법에 국가권
력이 구속되어 악마의 권력으로 변신하여도 형식적으로는 여전히 국
가권력임에 틀림없기 때문에 이에 대한 저항은 허용되지 않는다. 이

이하, 491 이하, 513, 534 이하; H. Fehr, "Das Widerstandsrecht", S. 37 이하.

러한 형식주의적 법률관과 국가관은 법과 국가의 임무를 인간가치를 존중하고 보호하는 수단으로 보지 않고 그 자체를 자기목적으로 이해하고 있기 때문이다. 그 자기목적의 내용은 법과 국가 자체의 안정성, 즉 국가권력에 의한 법질서의 안정성이다. '**법적 안정성**法的 安定性'이 여기에서는 최고의 법이념이며 국가이념이다. '인간의 자유'나 '정의'는 여기서는 부차적 이념에 지나지 않는다.

이러한 법실증주의와 권력실증주의에 기초한 기본입장을 우리는 Radbruch의 법철학에서 찾아볼 수 있다. 그는 다음과 같이 말한다.

누구도 정의가 무엇인지 확인할 수 없다면 어느 누군가(입법자)가 법이 무엇이어야 하는지를 확정하지 않으면 안 된다. 그리고 법을 관철할 힘이 있는 자는 이를 통해 그가 법을 제정할 권한을 갖는다는 것을 증명하고 있다.

법은 자신을 실효적으로 실현할 수 있기 **때문에** 효력을 갖는 것이 아니라 자신을 실효적으로 실현할 수 있을 **때** 효력을 갖는다. 왜냐하면 그때만 법적 안정성을 가져다줄 수 있기 **때문이다.** 따라서 실정법의 효력은 오로지 법 자체의 안정성에 근거하고 있다. 우리가 '법적 안정성'이라는 단순한 표현을 보다 무게 있는 말로 옮긴다면, 서로 다투는 법적 견해 사이에 '평화'를 가져다주고, 만인에 대한 만인의 투쟁을 종식하는 '질서'를 가져다준다는 데 근거하고 있다. ⋯ '정의'는 법의 제2차적인 중요과제이다. 그러나 법의 제1차적 과제는 '법적 안정성', '평화', '질서'이다.[29]

---

29 G. Radbruch, *Rechtsphilosophie*, S. 179, 180 이하.

이러한 형식주의적 법률관과 권위주의적 국가관에서 국가는 인간을 위하여 존재하는 것이 아니라 그 자체의 안정을 위하여 존재하는 것이며, 따라서 그의 제1차적 중요과제는 인간의 자유를 안전하게 보호하는 데 있는 것이 아니라 전적으로 국가 자체의 안전을 위하여 평화를 유지하는 데 있다. 이러한 실증주의적 국가관에 의하면 국가는 인간을 그 존재의미의 중심에 놓는 것이 아니라 자기 자신을 그 중심에 놓고 있다.[30] 그 자명한 논리적 결론으로서 자유와 평화, 정의와 법적 안정성이 서로 충돌될 때는 당연히 후자가 전자에 우선한다. 즉 국가의 목적은 인간의 목적보다 우선하며, 국가의 권위는 인간의 존엄보다 우선한다. 그 결과 국가의 권력은 최고의 권력으로서 국민에 의해 침해될 수 없는 절대적 권위를 가지는 것으로 이해되었으며, 이에 도전하는 것은 국가 자체를 파괴하는 반국가행위로 인식되었다.

이러한 실증주의적 사고에 따른다면 어떤 폭력적 실력행사가 혁명이냐 저항이냐 하는 것은 별 의미가 없다. 그것들은 다 같이 법파괴 행위로서 비합법적이다. 그러나 다른 한편 성공한 혁명이나 쿠데타는 비합법적이 아닌 것으로 의제될 뿐만 아니라 심지어 합법적으로 정당화되기까지 한다. 왜냐하면 실증주의적 법개념에서는 성공한 혁명이나 쿠데타를 법적 안정성을 위하여 기정사실로 받아들일 것을 요구하기 때문이다. Jellinek는 그것을 '사실의 규범력(normative Kraft des Faktischen)'이라 칭한다.[31] 그의 '사실의 규범력설'에 의하면 혁명이나 쿠데타가 성공한 경우 국가권력은 그 혁명세력이나 쿠데타세력의

---

30 W. Maihofer, *Rechtsstaat und menschliche Würde*, S. 57 이하(심재우 역, 『법치국가와 인간의 존엄』, 70면 이하).
31 사실의 규범력설에 관해서는, G. Jellinek, a. a. O., S. 337 참고.

수중으로 옮겨가고 그들은 그 탈취한 국가권력의 힘으로 새로운 법질
서를 창출하며 그것을 안전하게 보장하여 평화를 다시 회복시키기 때
문이다. 따라서 혁명정부의 제1차적 구호는 언제나 '평화'이다.[32]

이러한 관점에서 바라본다면 혁명과 저항권은 그 성공 여부에 의해
구별된다. 저항이 성공하면 혁명이 되어, 물론 그 자체로서는 비합법
적이지만, 사실의 규범력에 의해 정당화되고, 그 저항이 성공하지 못
하면 그것은 반란이나 반역이 된다. 그러나 이러한 구별은 옳지 않다.
저항권의 행사는 인권을 보호하기 위한 인권의 행사로서 그 성패 여
부에 따라 법적 평가가 달라질 수는 없다. 마치 정당방위가 실패한 경
우라 할지라도 법적 의미에서 정당방위권으로서의 평가가 달라지지
않는 것과 마찬가지이다.

양자의 구별은 오히려 그 정당화 근거에 놓여 있다고 본다. 양자는
다 같이 비합법적 실력행사이지만 저항권은 그 정당화 근거를 초실정
적 법超實定的 法, 즉 **자연법**(Naturrecht)에서 발견한다. 그러나 혁명은
그러한 근거를 갖지 못한다. 1789년의 프랑스 대혁명은 여기서 말하
는 '혁명'에 해당하는 것이 아니라 '혁명적 저항권'이 성공한 경우이
다. 절대 군주정의 앙시앵 레짐ancien regime을 타도한 프랑스 대혁명의
법적 정당화 근거는 자유, 평등, 인도주의를 그 이념으로 하는 근대의
계몽적 자연법啓蒙的 自然法이다. 그것은 프랑스 인권선언으로 실정화되
었으며, 특히 제2조에서 '혁명적 저항권'을 '인권'으로 선언했다.

우리의 관점에서는 혁명과 저항권의 구별은 명백하다. 인간의 존
엄과 인권을 침해하는 불법국가를 배제하려는 시도는, 그것이 성공하

---

32 G. Radbruch, a. a. O., S. 179 이하.

든 실패하든, 정당한 저항권의 행사이며, 그 반대로 인간의 존엄과 인권을 존중하는 법치국가를 배제하려는 시도는 혁명이며, 반란이며, 반역이다.

3. 투쟁권으로서의 저항권

저항권은 일종의 **자위권**自衛權이다. 자위권은 법을 통한 권리구제가 불가능할 때 자기 스스로 자력구제를 하는 것을 말한다. 형법상의 정당방위, 긴급피난, 자구행위와 같은 것이 그러한 것들이다. 그러나 같은 자위권이면서도 헌법상의 저항권은 이러한 형법상의 자위권들과 그 본질을 달리한다.

우선 양자는 그 보호법익을 달리한다. 형법상의 자위권인 정당방위권正當防衛權의 보호법익은 생명, 신체, 재산과 같은 객관적 실존조건들이지만, 헌법상의 자위권인 저항권의 보호법익은 인간의 기본적 자유권, 즉 인간의 주관적 실존조건인 인권이다.

다음은 양자의 침해방법이 다르다. 정당방위의 대상이 되는 객관적 실존조건에 대한 침해는 개인 또는 집단에 의한 직접적 공격행위(Angriffshandlung)에 의해 행해지지만, 주관적 실존조건에 대한 침해는 조직적인 국가권력을 통해 간접적으로 행해진다. 즉 그 자체 정당화되어 있는 공권력을 통해 법집행의 방식으로 인권을 침해하는 것이다. 이것을 '**탄압**(Unterdrückung)'이라 한다.

더 나아가 양자의 침해방법이 다르기 때문에 그 방위방법과 방위 대상도 다르게 된다. 정당방위의 방위방법은 공격에 대한 방어

(Abwehr)이지만, 저항권의 방위방법은 탄압에 대한 **투쟁**(Kampf)이다. 인권탄압은 국가의 조직적인 공권력에 의하여 인간의 자유를 억압하는 것으로서 국가와 국민 사이에 비인간적인 억압구조, 즉 비인간적인 질서가 형성되어 있다. 따라서 탄압에서 벗어나기 위해서는 이 비인간적인 질서를 인간적인 질서로 바꾸지 않으면 안 된다. 저항권은 인권을 탄압하는 이러한 불법국가의 질서를 인권을 존중하는 법치국가의 질서로 바꾸기 위한 투쟁권鬪爭權이다. 이 점에서 다음과 같은 Tsatsos의 지적은 정곡을 찌르고 있다.

저항권은 권력 행사(Machtausübung)를 전제하는 것이 아니라 권력질서(Machtordnung)를 전제한다. 왜냐하면 이 권력질서가 존재하지 않으면 저항권의 대상 자체가 존재할 수 없기 때문이다.[33]

결론적으로 요약하여 말한다면, 형법상의 자위권인 정당방위권은 현재의 부당한 '행위(Handlung)'를 막는 '방어권(Abwehrrecht)'이지만, 헌법상의 자위권인 저항권은 인권을 탄압하는 부당한 '질서(Ordnung)'를 배제하고 인권을 존중하는 정당한 '질서'를 확립하기 위한 '투쟁권(Kampfirecht)'이다. 이 점에서 Künneth의 지적 또한 정확하다. "저항은 (정당한) 질서를 위하여 (부당한) 질서를 공격하는 것이다."[34]

정당방위권과 저항권이 이렇게 본질적인 차이가 있음에도 불구하

---

33 T. Tsatsos, "Zur Begründung des Widerstandsrechts", S. 158.
34 W. Künneth, *Politik zwischen Dämon und Gott*, S. 313.

고 저항권을 정당방위권에 비유하여 '초실정적 정당방위권',[35] '특별한 정당방위',[36] '사회적 정당방위',[37] '혁명적 정당방위',[38] '국민의 자연적 정당방위권'[39] 등등으로 표현하는 것은 비록 그것이 형법상의 정당방위권과 같은 의미로 사용한 것이 아니라 할지라도 그 자체 부적절한 용어가 될 것이다. 왜냐하면 저항상황에서는 '공격'과 '방어'로서 이루어지는 정당방위의 행위 양식은 그 대상을 발견할 수 없기 때문이다. 오히려 저항권은 정당방위가 불가능한 곳에서 비로소 시작된다. 이것은 저항상황이 정당방위상황과 전혀 다른 독특한 상태를 전제하고 있다는 데 기인한다.

정당방위는 방위자의 방어능력을 전제한다. 방어능력이 없는 자에게는 이론상으로는 정당방위권이 주어져 있지만 실제로는 정당방위를 할 수 없다. 강자가 약자를 공격할 때 약자는 사실상 방어능력이 없기 때문에 자신을 방어할 수 없다. 이러한 방어능력이 없는 약자는 강자의 공격에 굴복할 수밖에 없으며 강자의 자의적 폭력恣意的 暴力의 지배하에 놓이게 된다. 이러한 관계를 우리는 정복자와 피정복자 사이, 주인과 노예 사이, 독재국가와 그 국민 사이에서 찾아볼 수 있다. 이때 강자와 약자 사이는 종속적 관계를 형성하게 된다는 것이 그 특징

---

35 G. Scheidle, *Das Widerstandsrecht*, S. 114.

36 A. Arndt, "Agraphoi Nomoi", S. 431.

37 R. Angermair, "Moraltheologisches Gutachten über das Widerstandsrecht nach katholischer Lehre", S. 30, 36.

38 H.-J. Iwand/E. Wolf, "Entwurf eines Gutachtens zur Frage des Widerstandsrechts nach evangelischer Lehre", S. 9.

39 H. Kipp, *Mensch, Recht und Staat*, S. 93; J. Mausbach/G. Ermecke, *Katholische Moraltheologie*, S. 150, 289; J. Messner, a. a. O., S. 694, 698; W. Schönfeld, *Zur Frage des Widerstandsrechts*, S. 32.

이다. 만일 약자가 이 종속적 관계에서 벗어나려고 시도한다면 그는 이때 정당방위권을 원용할 수는 없고 오로지 저항권을 원용할 수 있을 따름이다. 따라서 이때의 저항권은 종속적인 지배관계에서 벗어나려는 '**해방권**(Befreiungsrecht)'의 성질을 띠고 있다. 노예해방, 식민지해방, 폭군으로부터의 해방 등으로 불리는 그 해방의 권리가 바로 여기서 말하는 저항권의 본질적 속성에 해당한다. 따라서 저항권은 국가와 국민 사이뿐만 아니라 개인과 개인 사이, 집단과 집단 사이, 국가와 국가 사이에서도 종속적 지배관계가 형성되어 있는 곳에서는 그 대상을 발견한다.

개인과 개인 사이에서도 종속적 질서가 형성되어 있으면 저항권의 원용이 가능하다. 예컨대 주인과 노예의 관계에서, 만일 노예가 주인의 종속적 지배에서 벗어나려고 시도한다면 그 종속적 인간관계의 질서적 고리를 끊어야만 해방될 수 있다. 이처럼 노예가 자유를 회복하기 위해서는 주인의 지배로부터 해방될 수 있는 해방권, 즉 저항권이 필요한 것이지 정당방위권이 필요한 것은 아니다.

집단과 집단 사이에서도 약한 집단이 강한 집단의 지배하에 종속된 경우에는 그 종속적 상태에서 벗어나기 위하여 저항권을 원용할 수 있을 따름이다. 우리는 이러한 경우를 정치적·경제적으로 강한 집단과 약한 집단 사이에서 또는 종교적·인종적·계급적으로 강한 집단과 약한 집단 사이에서 흔히 찾아볼 수 있다.

국가와 국가 사이에서도 강대국이 약소국을 정복하여 식민지로 지배할 경우 그 식민지상태에서 벗어나기 위하여 독립투쟁과 해방전쟁이 일어나는 것을 볼 수 있는데, 그것은 전쟁권의 행사가 아니라 저항권의 행사이다. 전쟁권은 전쟁능력이 있는 양 당사국 사이에서만 타당하다. 그러나 전쟁능력이 없는 약소국이 강대국의 지배하에 식민지로 전락했을 때는 그 식민지상태에서 벗어나려는 해방전쟁을 시도할 수밖에 없다. 방위능력이 없는 국가는 전쟁은 할 수 없고 다만 저항을 할 수 있을 따름이다.

위에서 본 바와 같이, 저항상황의 특징은 양 당사자 사이에 **종속적 질서**가 형성되어 있다는 점이다. 이러한 종속적 관계에서는 강자가 약자를 일방적인 지배하에 두고 탄압하고 착취하고 모욕하고 학대하고 학살하는 경우에도 이러한 만행을 감수하는 것 이외의 다른 선택가능성이 있을 수 없으며 속수무책이다. 이처럼 약자가 강자의 자의적인 처분하에 놓일 때 그는 인간으로서의 존엄과 가치를 상실하고 비인간으로 전락한다. 이러한 비인간적인 한계상황에서 벗어나려는 모든 움직임이 저항권으로 나타나게 된다.

저항권의 대상은 그러한 비인간적 관계를 형성하는 불법국가의 질서 자체이다. Marx가 적절하게 말한 바와 같이, "인간이 억압적 존재, 노예적 존재, 굴욕적 존재, 버림받은 존재로 비인간화되어 있는 그러한 질서상태를 혁명으로 뒤집어엎는 수밖에 없다."[40] 인간을 동물과 같이 취급하는 그러한 불법질서, 즉 인간의 존엄과 인권을 탄압하는 그러한 독재주의 체제나 전체주의 체제에 도전하는 방식은 정식화되어 있지 않다. 그 체제를 배제하기 위한 또는 그 체제를 약화하기 위한 모든 적극적·소극적 투쟁방식이 동원될 수 있다. 폭력적 저항으로서 폭군살해, 폭력적 시위, 폭탄테러, 관공서 습격, 교량이나 열차 등의

---

40 K. Marx, "Zur Kritik der Hegelschen Rechtsphilosophie", S. 216.

파괴, 책임 있는 정부요인의 암살·체포·납치, 지하조직의 레지스탕스, 독립투쟁, 해방전쟁 등이 있을 수 있는가 하면, 비폭력적 저항으로서 정치적 파업·태업, 시민불복종, 납세거부, 동맹휴학, 독립만세, 특정상품불매, 국산품애용, 지하신문, 전단지, 낙서 등 모든 가능한 투쟁방식이 포함된다. 저항권은 이처럼 자유를 위한 **'투쟁권'**이며, 노예상태에서 벗어나기 위한 **'해방권'**이며, 인권을 탄압하는 독재정권을 쓰러뜨리기 위한 **'혁명권'**이다.

제3장
저항권의 근거

Ⅰ. 인간의 존엄과 저항권

인간에게는 두 가지 실존조건이 필요하다. 하나는 주관적 실존조건이고, 다른 하나는 객관적 실존조건이다. **객관적 실존조건**客觀的 實存條件이라 함은 사람이 사는 데 필요한 객관적 제반 조건, 즉 생명, 신체, 재산, 명예 등이다. 이러한 실존조건들은 법체계상 민법, 형법 등에 의하여 보호되는 법익들이다. 이와는 달리 **주관적 실존조건**主觀的 實存條件이라 함은 사람이 사람일 수 있는 조건, 즉 인격(Persönlichkeit)이다. 인격은 말 그대로 '사람으로서의 격格'을 말하는 것이며, 이것을 상실하면 '사람다움'을 잃고 '비인간非人間'으로 전락한다. 이 주관적 실존조건인 인격을 법에서는 '인간으로서의 존엄과 가치'라고 말하며, 법체계상 헌법을 통해 보호되는 법익이다.

사람이 사람답게 살 수 있기 위하여는 우선 생명, 신체, 재산, 명예 등의 안전이 보장되어 있어야 한다. 그러나 인간은 그러한 생명, 건강, 재산, 명예 등을 위해 사는 것이 아니라 사람답게 살기 위해 그러한 조건들이 필요한 것이다. 따라서 객관적 실존조건들은 주관적 실존을 위한 수단에 지나지 않으며 그 자체 자기목적을 가지고 있지 않다. 물론 생명과 신체의 안전, 재산과 명예의 보전이 주어져 있지 않으면, 인격실현의 가능성 전제 자체가 결缺하게 된다는 점에서 전자의 요구는 후자의 요구에 '논리적으로' 선행하고 있음이 분명하지만, '존재론적으로' 삶 자체의 실존적 의미에서 바라볼 때 양 실존조건의 목적-수단의 관계는 결코 거꾸로 이해될 수는 없다.

우리는 개인에 의한 객관적 실존조건에 대한 폭력적 침해에 대응하는 방위수단이 무엇인지 잘 알고 있다. 그것은 '정당방위'이다. 그러나 우리는 국가권력에 의한 주관적 실존조건에 대한 폭력적 침해에 대응하는 방위수단이 무엇인지는 잘 모르고 있다. 우리는 그것을 '저항권'이라고 부른다.

일반적으로 사람들은 형법의 보호법익인 생명, 신체, 재산, 명예와 같은 가시적인 객관적 법익들이 개인에 의하여 침해될 때는 범죄가 발생했다는 것을 잘 알고 있으며, 그 범인은 형법을 통해 처벌된다. 그러나 헌법의 보호법익인 인간의 주관적 가치가 국가에 의하여 침해될 때는 어떠한 범죄가 일어난 것인지 잘 모르고 있다. 그러나 그 범죄는 국제법상 **'인간성에 반하는 범죄**(crime against humanity: Verbrechen gegen die Menschlichkeit)'라고 부른다.[1] 이 범죄는 제2차 세계대전 후 전범재판에서 처음으로 사용된 죄목이다. 독일의 나치 독재정권과 일본의 군국주의 정권에 의한 비인간적 만행, 예컨대 인종청소, 집단학살, 정치적 박해, 강제노역, 포로학대, 고문, 인간에 대한 생체실험, 비인간적인 도살, 정치적 테러 등 인류역사상 그 유례를 찾아볼 수 없는 인

---

1 이 범죄는 '인도人道에 반하는 범죄' 또는 '인륜人倫에 반하는 범죄'라고도 부른다.

권침해를 역사적으로 경험했기 때문에 종전 후 이들 전범자를 인간의 존엄과 가치를 침해한 범죄로 처단했다. 그리고 다시는 이러한 비인간적인 반인륜적 범죄가 국가에 의하여 되풀이되지 않도록 "인간의 존엄을 존중하고 보호하는 것은 모든 국가권력의 의무"라고 헌법에 선언하기에 이르렀다(독일 기본법 제1조).

그러나 이 의무를 위반한 국가는 과거 및 현재에 국내법적으로는 왜 처벌받지 않는가? 그것은 '인간성에 반하는 범죄'가 형법상의 범죄로 규정되어 있지 않기 때문이며, 또한 오늘날의 독일 형법과 같이 그것을 형법상의 범죄로 규정하고 있다고 할지라도(독일 형법 제6조, 제79조, 제220a조) 국가는 형벌권의 주체이므로 자기가 한 범행에 대하여 자기 자신을 처벌하는 것은 모순이기 때문이다. 이뿐만 아니라 국가 자신이 '인간성에 반하는 범죄'를 저지르는 경우에는 그 자체 정당화되어 있는 국가권력의 권위를 통하여 법집행의 형식을 빌려 범행을 하는 것이기 때문에 그 국가권력 자체의 합법적 범행을 국가권력 자신이 처벌할 수는 없기 때문이다.

인간의 존엄과 인권을 침해하는 독재적 권력국가도 형법을 통하여 그의 국민의 객관적 실존조건을 보호할 줄 알지만, 주관적 실존조건을 국가권력의 탄압을 통해 송두리째 박탈해버림으로써 국민 전체를 국가의 노예로 만들어 버린다. 국가에 의한 이러한 인권침해범죄를 막을 방법은 무엇이며, 그 범죄자를 어떻게 처벌할 수 있을 것인가? 바로 이 물음에 대답을 주는 것이 저항권의 문제이다.

우리는 먼저 저항권의 보호대상인 인간의 주관적 실존조건, 즉 '인간의 존엄과 인권'이 무엇인지 그 철학적 개념을 이해할 필요가 있다.

Kant의 **계몽주의적 인간관**啓蒙主義的 人間觀에 의하면 인간은 태어날 때부터 인간인 것은 아니고 동물로 태어난 자기를 살아가면서 인간으로 만들어 나간다고 한다. 따라서 인간은 형성된 존재가 아니라 자신을 형성하여 가는 존재이다. 즉 인간은 규정된 존재가 아니라 자신을 규정해 가는 존재이다. 이처럼 인간을 **동물적·본능적 존재**(homo phaenomenon)로부터 **도덕적·이성적 존재**(homo noumenon)로 해방하는 인간화 작업을 그는 계몽(Aufklärung) 또는 계발(Kultur)이라고 한다.[2]

그러면 어떠한 방법으로 인간은 자기 자신을 동물적 본성으로부터 해방해 이성적 본성을 획득하는 계몽을 수행할 수 있을 것인가? 그것은 인간에게 부여된 이성능력을 구사함으로써 이루어진다. Kant에 의하면, 인간은 정확히 말해 '이성적 동물(ein vernüftiges Tier: animal rationale)'이 아니라 '이성능력理性能力'이 부여된 동물(ein mit Vernunftfähigkeit begabtes Tier: animal rationabile)'이라고 한다. 그리고 인간은 이 이성능력을 사용하여 자신을 비로소 이성적 존재로 만든다고 한다. 그런데 이 이성능력은 인간이 하나의 동물로서 가지고 있는 본능을 훨씬 능가하는 목적정립적 창조능력으로서 그 기획력(Entwürfe)은 한계를 모른다고 한다. 따라서 이러한 능력을 부여받은 인간은 본능에 따라 비창조적으로 살아가는 동물이 아니라 그의 이성능력을 발휘하여 자신을 더 인간답게 완성해 나가는 존재라고 한다. 이 점을 Kant는 다음과 같이 말한다.

---

2 I. Kant, *Beantwortung der Frage: Was ist Aufklärung?*, S. 53 이하; ders., *Idee zu einer allgemeinen Geschichte in weltbürgerlicher Absicht*, S. 36 이하 참고.

인간은 그 자신에 의하여 설정한 목적에 따라 자기 자신을 완성할 능력을
지니고 있으므로 자기창조의 본성을 가지고 있는 존재이다. 따라서 인간은 그
에게 부여된 **이성능력**을 사용하여 자신을 **이성적 존재**로 만들 수 있다.[3]

다시 말하면, 신神은 인간을 하나의 동물로서는 완성품으로 만들어
놓았지만, 인간으로서는 미완성품으로 만들어 놓고, 인간이 그에게
부여된 이성능력을 사용하여 자기 자신을 인간으로 완성하라는 것이
다. 그렇게 함으로써 신이 남겨 놓은 그 '**창조의 여백**(das Leere der
Schöpfung)'을 스스로 메우라는 것이다. 이처럼 Kant에 의하면 창조
능력은 신만이 가지고 있는 속성이 아니다. 신은 인간을 시원적으로
창조할 능력은 있지만, 그 창조된 존재를 인간으로 완성할 능력은 없
으며 또한 이에 대하여 책임을 지지도 않는다. 그러나 인간은 자기 자
신을 시원적으로 창조할 능력은 없지만, 자신을 인간존재로 완성할
능력이 있으며 또한 이에 대하여 책임을 져야 할 존재이다. 제1의 선
천적 창조능력에서 신의 절대적 권능이 승인되지 않을 수 없는 것과
같이, 제2의 후천적 창조능력에서 인간의 절대적 권위가 확인되지 않
을 수 없다. 인간의 이 제2의 창조능력은 인간의 '**제2의 본성으로서의
이성**理性'이다. 이처럼 인간은 이성을 통하여 '자기 창조'를 할 수 있는
능력이 있다는 점에 그의 인간으로서의 '존엄과 가치'가 깃들어 있다
는 것이다. 그것은 인간이 하나의 인간적 존재로 되기 위한 "유일하고
절대적인 실질적 윤리가치이다."[4]

---

3 I. Kant, *Anthropologie in pragmatischer Hinsicht*, S. 673.
4 H. Welzel, *Naturrecht und materiale Gerechtigkeit*, S. 170.

그러면 이러한 윤리가치의 실현은 어떻게 가능한가? 즉 어떠한 방법으로 인간은 자기 자신을 동물성으로부터 해방해 인간성을 획득하는 계몽을 해나갈 수 있을 것인가? 그것은 인간에게 부여된 이성능력을 사용함으로써 이루어진다. 이 이성능력의 작용은 우리가 '인간의 기본적 자유'라고 부르는 인권에 관계되어 있다. 즉 사상의 자유, 양심의 자유, 신앙의 자유, 언론의 자유, 표현의 자유, 학문의 자유, 예술의 자유, 비판의 자유 등은 모두 인간의 이성능력이 작용해 표출된 것이다. 인간이 이성능력을 구사하여 자신을 인간적 존재로 만든다는 것은 이러한 자유를 구사하여 자기를 인간적 존재로 만든다는 것을 뜻한다. 따라서 이러한 자유는 인간의 계몽, 즉 인간의 인간화를 위하여 결缺할 수 없는 **기본적 자유**基本的 自由 또는 **기본적 인권**基本的 人權이라 한다. 이것이 Kant에 있어서 인권의 철학적 근거이다.

이러한 인간의 기본적 인권 없이 인간의 존엄성은 따로 생각할 수 없다. 인간이 존엄성을 갖는다는 것은 동물과는 달리 그에게 부여된 이성능력을 사용함으로써 자신을 인간으로 만드는 기본적 인권을 행사할 수 있다는 데 있기 때문이다. 따라서 이러한 인간의 기본적 인권을 존중하지 아니하고 침해하면 동시에 인간의 존엄성도 침해되는 것이다. 우연의 일치인지는 모르나, 우리나라 헌법 제9조는 인간의 존엄과 인간의 기본적 인권과의 관계를 아주 적절하게 표현해 주고 있다.

모든 국민은 인간으로서의 존엄과 가치를 가지며, **이를 위하여** 국가는 개인의 기본적 인권을 최대한으로 보장할 의무를 진다.

인간은 이성을 가진 존엄한 존재이다. Kant에 의하면 이성의 본질
은 '**자율성**(Autonomie)'에 있다고 한다. 자율성이라 함은 인간이 이성을
통하여 자기입법(Selbstgesetzgebung), 자기결정(Selbstbestimmung),
자기지배(Selbstbeherrschung), 자기목적설정(Selbstbezweckung) 등을
자율적으로 할 수 있는 '**도덕적 자유**道德的 自由'를 뜻한다. 이러한 자기
결정과 자기입법을 자율적으로 할 수 있는 도덕적 자유를 신으로부터
부여받은 인간은 그의 작위, 부작위의 모든 행위에서 "자기 스스로
결정한, 그러면서도 일반법칙에 맞게 입법을 하는" 그리고 그 자신이
정립한 "자기 입법에 스스로 복종하는 존재이다."[5] 따라서 자율적 존

---

5 I. Kant, *Grundlegung zur Metaphysik der Sitten*, S. 65, 67, 69; Kaufmann은 Kant의 자
율성을 '상대적 자율성'이라고 하며 "자기입법이 아니다"라고 말한다. 그러면서
"Kant의 자율사상은 윤리적 내용의 객관적 타당성을 전제하고 있으므로 바로 그
때문에 그 객관적 타당성은 자율성 자체로부터 정당화될 수는 없다"라고 말한다
(A. Kaufmann, *Recht und Sittlichkeit*, S. 26). 그의 이러한 해석은 Kant의 자율사상
을 바르게 이해한 것으로 볼 수 있을 것인가? Kaufmann은 그의 이러한 주장의 근
거로서 Kant의 다음 명제를 인용하고 있다. "자유로운 의지는 그의 일반법칙에 따
라 반드시 동시에 그가 **복종하여야 할** 그 법칙에 맞도록 자신을 일치시키지 않을
수 없다(Kant, *Kritik der praktischen Vernunft*, S. 264)."

그러나 여기서 우리가 간과해서는 안 될 것은, 그 자유로운 의지는 결코 타율적
으로 객관적 일반법칙에 맞도록 자신을 일치시키는 것이 아니라 **자율적으로** 일치
시키고 있다는 점이다. 자율적 의지의 결정 대상인 일반법칙이 이미 객관적 타당
성을 갖는 법칙으로 확정되어 있다는 사실이 의지의 **자율성**을 부인할 근거가 되지
는 못한다. 오히려 Kant의 자율성은 그 '윤리적 내용의 객관적 타당성'을 주관적
자율에 의하여 결정할 수 있다는 의미에서 의지의 자율성을 말하고 있기 때문이
다. Kant는 다음과 같이 말한다. "의지는 단순히 법칙에 복종하는 것이 아니라 그
가 **자기입법적으로,** 따라서 바로 그 자기입법에 의하여 비로소 법칙에 복종하는 것
으로 보지 않으면 안 된다(이 점에서 그 자유의지 자체를 법칙의 창시자로 보아야
한다)" (*Grundlegung zur Metaphysik der Sitten*, S. 64). "따라서 의지가 단순히 도덕
법칙에 복종한다는 데 그 존엄성이 있는 것이 아니라 도덕법칙을 고려하여 동시
에 **자기입법적으로,** 바로 그 자기입법에 의하여 법칙에 복종한다는 데 그 존엄성이
있는 것이다(a. a. O., S. 74)." 이렇게 Kant의 자율성은, Kaufmann의 해석과는 달리,

재로서의 인간은 자기 이외의 다른 모든 사람의 의지로부터 독립되어
있을 뿐만 아니라 심지어는 '신의 의지'로부터도[6] 독립된 도덕의 주체로
서 자기결정과 자기입법을 스스로 할 수 있는 도덕적 자유를 가지고 있
고 그 자유를 통하여 자기 자신을 지배하는 주인이 된다는 점에 바로 그
의 인간으로서의 존엄이 깃들어 있다는 것이다.

　　따라서 자율성이 인간적 존재, 즉 모든 이성적 존재의 존엄의 근거이다.[7]

　이러한 이성적 존재가 가지고 있는 자율적인 도덕적 자유를 타율적
으로 억압하는 모든 행위는 인간의 존엄을 침해하는 행위이다. 따라
서 어느 누가 — 그것이 개인이든, 사회집단이든, 국가이든 관계없이

도덕법칙의 **자기입법의 자율성**을 의미한다. 이러한 자기입법 능력은 그의 『실천이
성비판』 마지막 결론에서도 확인된다. "**나의 머리 위에는 별이 빛나는 창공이 있
고, 나의 가슴 속에는 도덕적 법칙이 있다**(Der bestirnte Himmel über mir, und das
moralische Gesetz in mir)." 그러나 여기서 자기입법의 자율성은 Sartre의 실존주
의에서처럼 실존 주체에 의한 각기 다른 '**구체적 도덕**'의 입법능력의 '절대적 자유'
를 뜻하는 것이 아니라 실천이성 주체에 의한 **보편적 도덕**'의 입법능력의 자율성
을 말하는 것이다. 즉 이성을 가진 모든 인간은 다 같이 객관적인 일반법칙에 일치
하도록 **자율적으로 자기입법**을 정립하고 그 법칙에 **자율적으로** 복종한다는 것이다
(*Kritik der praktischen Vernunft*, S. 202).
　이러한 의미의 자율성은, Welzel이 적절하게 지적한 바와 같이, '구속적 자유
(Freiheit in der Bindung)'이다(H. Welzel, *Vom irrenden Gewissen*, S. 14). 그런데 이
의지의 일반법칙에의 구속은 타인의 법칙에 구속되는 것이 아니라 **자신이 세운 자
기의 법칙**에 구속되는 것이며, 또한 그 **자기 자신의 법칙**에 자율적으로 복종한다.
이러한 의미에서의 자율적 자유를 우리는 Rousseau에게서도 찾아볼 수 있다. "단
순한 욕구의 충동은 본능의 노예를 의미하는 것이지만 **자기 자신이 정립한 법칙에
복종하는 것은 자유를 의미한다**[J. J. Rousseau, *Der Gesellschafsvertrag(Du Contrat
Social)*, I, 8, S. 49: 강조표시는 저자]."
6　I. Kant, *Kritik der praktischen Vernunft*, S. 263.
7　I. Kant, *Grundlegung zur Metaphysik der Sitten*, S. 69.

— 인간을 자유롭게 말하지 못하도록 억압하고, 자유롭게 생각하지 못하도록 억압하고, 자유롭게 보고 듣지 못하도록 억압하고, 자유롭게 신앙하지 못하도록 억압하고, 자유롭게 양심에 따라 행동하지 못하도록 억압하고, 자유롭게 표현하지 못하도록 억압하고, 자유롭게 진·선·미를 추구하지 못하도록 억압하고, 자유롭게 비판하지 못하도록 억압하고, 자유롭게 살지 못하도록 죽이는 등의 모든 인권침해 행위는 신이 부여한 이성능력을 사용하여 자기 자신을 인간으로 만드는 인간화 계몽작업을 불가능하게 하는 '인간성에 반하는 범죄'이다. 이 자유탄압이 바로 계몽의 적敵이다.[8] 이것은 "인간을 타율적으로 단순한 수단으로 삼지 말고 항상 동시에 목적으로 존중하라"라는 Kant의 정언명령定言命令 가운데 준엄하게 드러나 있다.

　인간은 어떠한 사람으로부터도(타인으로부터 뿐만 아니라 자기 자신으로부터도, 심지어는 신으로부터도) 단순히 수단으로 사용될 수는 없고 항상 동시에 목적으로서 존중되어야 한다. 왜냐하면 인간 가운데는 바로 그의 존엄성(인격성)이 깃들어 있기 때문이다.[9]

II. 인간의 자기 자신에 대한 존중의무: 저항의 의무

　Kant에 의하면 인간의 존엄은 타인으로부터 존중될 것이 요구됨은

8　'계몽적 자유'의 범위에 관해서는 심재우, 「법치주의와 계몽적 자연법」, 『법철학 연구』(한국법철학회 편), 제1권, 1998, 22면 이하, 주 28 참고[= 심재우, 『열정으로서의 법철학』, 2020, 335면 주 28].
9　I. Kant, *Die Metaphysik der Sitten*, S. 600.

물론, 이미 그에 앞서서 자기 자신으로부터도 존중될 것이 요구된다. 그러나 어떻게 인간이 자기 자신에 대한 존중의무를 자기 자신에게 부과할 수 있을 것인가?

Kant는 인간을 두 가지 의미에서 바라보고 있다. 즉 동물적 존재로서의 인간(homo phaenomenon)과 도덕적 존재로서의 인간(homo noumenon)이다. 동물적 존재로서의 인간은 본능적 존재로서의 인간을 말하며, 도덕적 존재로서의 인간은 이성적 존재로서의 인간을 말한다. 자기 자신에게 존중의 의무를 부과하는 주체는 이 후자의 존재, 즉 도덕적·이성적 존재로서의 인간이다. 왜냐하면 동물적·본능적 존재로서의 인간이 아닌 이 도덕적·이성적 인간만이 도덕적 실천이성의 주체가 될 수 있기 때문이다. 즉 이성존재(Vernunftwesen)로서의 인간만이 도덕적 실천이성의 명령에 따라 자기 자신에 대해서도 존중의 의무를 부과할 수 있는 능력이 있다고 한다.[10]

이러한 이성존재는 자기 자신에게 두 가지 의무를 이행할 것을 명한다. 즉 **자기보존의무**自己保存義務와 **자기발전의무**自己發展義務가 그것이다. 전자의 명제는 **"너의 자연의 완전성 가운데서 너 자신을 보존하라!"**라고 명령하고, 후자의 명제는 **"자연이 단순히 너를 창조하였던 것보다 너 자신을 더 완전하게 만들라!"**라고 명령한다.[11] 여기에서 특히 주의해야 할 점은, 이 두 명제의 요구가 타인과의 관계에서 권리화되기에 앞서서 먼저 자기 자신에 대한 존중의무로 규정되어 있다는 점이다. 왜냐하면 자기 자신에 대한 존중의무의 불이행은 타인의 나에 대한

---

10 I. Kant, a. a. O., S. 550 이하.
11 I. Kant, a. a. O., S. 552.

존중의무를 하나의 권리로 주장할 수 있는 기초를 상실시키기 때문이다. 예컨대 자기 자신이 자살을 하고 타인에 대하여 나의 생명을 침해하지 말라는 요구를 권리로 주장하는 것은 무의미하다. 자살은 법적으로는 죄가 되지 않는다. 그러나 도덕적으로는 자기보존의무의 위반이다. 이와 마찬가지로 자기 자신이 스스로 인성계발人性啓發의 교육을 포기하고 타인에 대하여 나의 계몽을 방해하지 말라는 요구를 권리로 주장하는 것도 무의미하다. 물론 교육의 포기는 법적으로는 위법이 아니다. 그러나 도덕적으로는 자기발전의무의 위반이다. 그러므로 Kant는 다음과 같이 말한다.

> 나는 인격적 존재로서의 인간에 대하여 아무것도 자유로이 처분할 수 없고, 훼손할 수도 없고, 파멸시킬 수도 없고, 그리고 죽일 수도 없다.[12]

이처럼 인간은 법적 의무로부터 해방될 수는 있지만 도덕적 의무로부터 자유로울 수는 없다. 왜냐하면 이 의무에서 벗어나는 것은 자기의 인간실존에 대한 부정을 의미하기 때문이다. 하나의 도덕적 존재로서의 인간이 그 자신이 인간이기를 포기하지 않는 한 자기 자신에 대한 존중의무는 피할 수 없는 인간적 의무에 속한다. 따라서 자기 자신에 대한 존중의무는 자연이 자신에게 부여한 본성의 힘인 '자연력'을 이성을 통하여 자신을 도덕적으로 보존하고 발전시켜야 할 의무를 말하며, 자신의 그 이성능력을 사용하지 않음으로써 녹슬게 해서는 안 된다는 작위의무이다.[13] 계몽주의적 인간관에 의하면, 인간은 결

---

12 I. Kant, *Grundlegung zur Metaphysik der Sitten*, S. 61.
13 I. Kant, *Die Metaphysik der Sitten*, S. 580.

코 태어날 때부터 인간이었던 것은 아니고 하나의 동물에 지나지 않는다. 따라서 인간의 자기 자신에 대한 존중의무는 자기 자신을 창조된 동물 그대로 내버려 두지 말고 하나의 인간존재로 만들어야 할 인간적 의무를 두고 말하는 것이며, 따라서 이 의무는 인간에게는 피할 수 없는 가장 순수한 본래적 의미에서의 인간의무에 속하는 것이다. 이 의무를 거부하는 것은 스스로 인간이 될 것을 거부하고 동물로 남겠다는 것을 의미하기 때문이다.

인간의 자기 자신에 대한 존중의무는 자기와 자기 자신 사이에서만 타당한 것이 아니라 자기와 타인 사이에서도 타당하다. 즉 자기 자신이 자기의 인간존엄을 스스로 부정하는 것이 자기 자신에게 거부되는 것과 마찬가지로 타인에 의한 나의 인간존엄에 대한 부정도 단호히 거부된다. 그런데 이때 타인에 의한 나의 인간존엄에 대한 부정의 재부정도 하나의 권리이기에 앞서 하나의 의무에 속한다. 다시 말하면, 타인에 의한 나의 인간존엄에 대한 침해는 반드시 방어해야 하는 것이 나에게 의무로 명하여져 있다. 타인에 의한 그러한 침해를 방어하지 아니하고 감수하는 것은 자기 자신에 대한 존중의무의 위반이다. 따라서 Kant는 다음과 같이 말한다.

자기의 권리를 타인의 발밑에 짓밟히게 하는 것은 인간의 자기 자신에 대한 의무위반이다.

자기 자신을 벌레로 만드는 자는 나중에 짓밟혔을 때 아무런 호소도 할 수 없다.

남의 종이 되지 말라! 너희들의 권리를 타인에 의하여 짓밟히지 말아라![14]

이렇게 Kant에서는 자기 자신의 인간존엄을 스스로 침해하는 경우뿐만 아니라 타인에 의한 나의 인간존엄에 대한 침해를 막지 아니하는 것도 자기 자신에 대한 존중의무위반이다. 이것은 Jhering이 '권리를 위한 투쟁'을 인간의 자기 자신에 대한 의무로 보았던 것과 똑같은 경우이다. 그는 불법을 행하는 자보다 불법을 감수하는 자를 법의 정신을 좀먹는 자라고 비난하고 있으며, 결국 그 불법의 감수는 권리를 위한 투쟁을 포기하는 것으로서 자기 자신에 대한 존중의무위반이라고 한다.

불법에 대한 저항은 권리자의 **자기 자신에 대한 의무**이다. 왜냐하면 불법에 대한 저항은 도덕적 자기보존의 명령이기 때문이다.[15]

이러한 법논리는 Ebbinghaus에서도 마찬가지이다. 그는 다음과 같이 말하고 있다.

우리 자신 가운데 있는 인간성의 권리를 지키는 것은 인간의 자기 자신에 대한 의무이다. 결국 자기 자신에 대한 존중의무는 자기 자신을 타인의 자의恣意의 단순한 객체로 전락시키지 아니할 의무이며, 따라서 자기 자신을 타인의 자의적인 지배에 굴복시키는 것은 우리 자신 가운데 있는 인간성의 권리에 반

---

14 I. Kant, a. a. O., S. 571 이하, 599.
15 R. v. Jhering, *Der Kampf ums Recht*, S. 20(심재우 역, 『권리를 위한 투쟁』, 39면).

하는 것이다.[16]

저항의무의 근거를 제공하는 이들의 법논리에서 공통되는 점은, 인간존중의무에 앞서 그 존중의 대상이 되는 인간존엄의 권리성에 대한 승인이다. 따라서 그 의무는 바로 Kant가 말한 "우리 자신 가운데 있는 인간성의 권리로부터 나오는 의무"[17] 이외의 다른 어떤 것도 아니다.

우리 자신 가운데 있는 인간성, 즉 인간의 존엄은 누구에 의해서도 ―자기 자신이나 타인에 의해서뿐만 아니라 신神에 의해서도― 침해될 수 없는 '신성한 권리'이다. 이 권리의 침해에 저항권으로 대응하는 것은 권리인 동시에 의무이다. 즉 인간존엄의 권리에 대한 침해를 방어하는 저항권의 행사는 해도 그만 안 해도 그만이 아니라 반드시 행사해야 할 의무인 것이다. 이것이 바로 저항의무抵抗義務의 본질이다. 실정 헌법상의 저항권조항에서 언급된 '**저항의 의무**'도 바로 이 '저항의 권리를 반드시 행사해야 할 **의무**'를 두고 말하는 것이다.

1) 프랑스 자코뱅 헌법 제35조(1793. 6. 23):

정부가 국민의 권리를 침해할 때, 저항은 전 국민이나 국민 각자에게 권리 중에서도 가장 신성한 권리이며 **의무 중에서도 가장 필수 불가결한 의무**이다.

2) 프랑스 헌법초안 제21조(1946. 5. 5):

정부가 헌법에 의하여 보장된 자유와 권리를 침해할 때, 모든 형태의 저항

---

16 J. Ebbinghaus, "Positivismus - Recht der Menschheit ― Naturrecht - Staatsbürger-recht", S. 292.

17 I. Kant, *Die Metaphysik der Sitten*, S. 344.

은 권리 중에서도 가장 신성한 권리이며 **의무 중에서도 가장 준엄한 의무**이다.

　3) **독일 브레멘주 헌법 제19조(1947. 10. 21):**

　헌법에서 보장된 인권이 공권력에 의하여 헌법에 위반하여 침해될 때, 저항은 모든 사람의 권리인 동시에 **의무**이다.

Ⅲ. 인간의 타인에 대한 존중의무: 저항의 권리

　이성적 존재로서의 인간은 목적 자체로서 실존한다.[18]

　Kant는 바로 이러한 인간학적 전제로부터 타인에 대한 존중의무를 도출한다. 타인에 대한 존중의무는 인간 상호 간의 인격존중의무人格尊重義務를 말한다. Kant에서 인간의 자기 자신에 대한 존중의무가 개인윤리의 측면을 말해 주는 것이라면, 인간의 타인에 대한 존중의무는 사회윤리의 측면에 해당한다. 모든 인간은 행위시에 타인의 인격으로서의 존재를 승인하지 않으면 안 된다. 그 타인도 인간인 이상 목적 자체로서 실존하고 있는 인격적 존재이기 때문이다. 따라서 누구도 타인을 자기의 목적을 위한 수단으로 사용해서는 안 된다. 그러나 누구도 또한 자기를 타인의 목적을 위한 수단으로 사용하게 해서도 안 된다. 이것은 인간의 자기 자신에 대한 존중의무에 반하기 때문이다.

　그러나 과연 인간은 다른 사람을 수단으로 삼지 않고 살 수 있는가?

18　I. Kant, *Grundlegung zur Metaphysik der Sitten*, S. 59.

오히려 우리는 현실적인 모든 생활관계에서 타인을 자기의 목적을 위한 수단으로 이용하고 있지 않은가? 환자는 의사를 자기의 치료목적을 위한 수단으로 이용하고, 학생은 선생을 자기의 교육목적을 위한 수단으로 이용하고, 소비자는 생산자를 자기의 생활목적을 위한 수단으로 이용하고, 사용자는 노동자를 자기의 사업목적을 위한 수단으로 이용하고, 국가는 국민을 자기의 국방목적을 위한 수단으로 이용하고 … 이처럼 인간이 인간을 이용하지 않는 생활관계라는 것은 따지고 보면 어느 곳에서도 찾아볼 수 없다. 그러면 Kant의 명제 "타인을 수단으로 사용하지 말라!"는 것은 무엇을 뜻하는 것인가?

우리는 여기에서 그에 의하여 내려지는 모든 정언명령定言命令의 표현형식에 대하여 특별한 주의를 기울일 필요가 있다. 그는 모든 정언명령에서 언제나 "타인을 '**단순히 수단으로**(bloß als Mittel)' 사용해서는 안 되고, '**항상 동시에**(jederzeit zugleich)' 목적으로 다루라!"라고 말한다. 이것을 다른 말로 바꾸어 쓰면, 타인을 '**일방적인 수단**'으로 삼아서는 안 된다는 것이다. 이의 적극적 의미는, 인간관계는 반드시 **쌍방적으로** 목적-수단, 수단-목적의 관계에 놓여 있어야 한다는 것이다. 하나의 행위가 항상 **동시에** 쌍방적으로 이용하고 이용당하는 관계에 놓일 때만 그 인간관계는 윤리적으로 인간적일 수 있고, 반대로 일방적으로 이용하고 이용당하는 관계에 놓일 때는 비인간적일 수밖에 없다는 것이다. 이 점을 Kant는 다음과 같이 표현하고 있다.

모든 이성적 존재는 그들의 각자가 자기 자신 및 모든 타인을 결코 '**단순한 수단으로**' 삼아서는 안 되고, '**항상 동시에**' 목적 자체로서 다루어야 한다는 법

칙 하에 서 있다.[19]

목적의 질서에 있어서 인간 — 자기를 포함한 모든 이성적 존재 — 은 목적
자체이며, 따라서 그들이 **동시에** 목적적 존재가 될 수 없도록 누구에 의하든 —
심지어 신에 의하여서도 — 그들이 단순한 수단으로 사용될 수는 없다.[20]

모든 생활관계에서 타인을 일방적으로 이용할 때 그 타인은 상대방
의 목적을 위한 단순한 수단 또는 도구로 전락해 인격적 주체성을 상
실하게 되며, 따라서 종속적인 인간관계가 형성된다. 이러한 종속적
질서는 인간과 인간 사이에서만 형성되는 것이 아니라 사회집단과 집
단 사이, 국가와 국민 사이, 국가와 국가 사이에서도 형성될 수 있다.
예컨대 한 국가 내에서 인종적, 종교적, 계급적으로 강한 집단이 약한
집단을 자기의 목적을 위한 일방적 수단으로 삼아서 탄압하고 박해하
고 착취하는 경우도 그렇고, 국가가 국민을 일방적으로 그의 이데올
로기적 정치 목적을 위한 수단으로 삼아서 인권을 탄압하고 자의적인
지배를 하는 경우도 그렇고, 또한 강대국이 약소국을 자기의 이익과
지배목적을 위한 일방적인 수단으로 삼아서 정복하거나 식민지로 만
들어 약소국의 주권을 빼앗고 억압하거나 착취하는 경우도 그렇다.
따라서 이로부터 도출되는 질서원리는 질서 주체 사이에 — 그것이
개인과 개인 사이든, 집단과 집단 사이든, 국가와 국가 사이든, 국가
와 국민 사이든 관계없이 — 반드시 독립성, 즉 주체성이 있어야 하고,

---

19 I. Kant, a. a. O., S. 66.
20 I. Kant, *Kritik der praktischen Vernunft*, S. 263.

그리고 그 주체성에 기초해 서로 쌍방적으로 동시에 수단화하고 목적화하는 관계가 수립되어야 한다는 것이다. 이것을 '**상호성의 원칙**(Prinzip der Gegenseitigkeit od. Wechselseitigkeit)' 또는 '**황금률**(golden rule)'이라고 한다.[21]

Kant의 이른바 '**목적의 왕국**(das Reich der Zwecke)'의 질서구조는 바로 이 상호성의 원칙에 입각하고 있다. 즉 '목적의 왕국' 안에서 모든 인간존재는 타인과의 사이에서 결코 일방적인 수단으로 다루어지지 않고 항상 동시에 목적 자체로서 상호 존중되는 관계에 놓여 있다. 따라서 이 왕국 안에서는 모든 사람이 목적적 존재로서 평등하게 자유롭다는 것이 그 특징이다. 소위 그의 '**자유의 일반법칙**(allgemeines Gesetz der Freiheit)' ― 때로는 단순히 '**일반법칙**(allgemeines Gesetz)'이라고도 한다 ― 은 만인이 평등하게 자유로울 수 있는 이 목적의 왕국의 질서구조의 원칙을 두고 말하는 것이다. 그래서 Kant는 그의 도덕적 목적론에서 다음과 같은 실천이성의 정언명령을 내린다.

모든 사람이 목적적 존재일 수 있는 일반법칙의 준칙(Maxime)에 따라서 행동하라.[22]

타인에 대한 존중의무에 입각한 Kant의 사회윤리는 이렇게 그 질

---

21 사회윤리에서 상호성의 원칙(황금률)이 지닌 의미에 관하여 자세한 것은 W. Maihofer, *Vom Sinn menschlicher Ordnung*, S. 86 이하 참고. 동양의 상호성의 원칙인 혈구의 도(絜矩之道)에 관하여 자세한 것은 심재우, 「사물의 본성과 구체적 자연법」, 『법철학연구』(한국법철학회 편), 제2권, 1999, 51면 이하[= 심재우, 『열정으로서의 법철학』, 2020, 369면 이하] 참고.
22 I. Kant, *Die Metaphysik der Sitten*, S. 526.

서 형식에서는 자유와 평등이 보장된 목적의 왕국의 질서를 제시하지만, 무엇을 그 목적의 내용으로 해야 할 것인지에 관한 실질적인 사회윤리의 내용은 아직 제시되어 있지 않다. 자기 자신에 대한 존중의무의 내용은 자기보존의무와 자기발전의무이지만, 이것은 나에 의한 타인에 대한 존중의무의 내용은 될 수 없다. 왜냐하면 그 타인의 자기보존의무와 자기발전의무는 그 타인 자신이 자기에 대하여 스스로 해야할 일이지 내가 해야 할 의무는 될 수 없기 때문이다. 그래서 Kant의 윤리규범은 첫째, 하나의 인간으로서의 나 자신에 관계하여서는 **"너 자신의 완성을 목적으로 삼으라!"**라고 명령하고, 둘째, 하나의 인간으로서의 타인에 관계하여서는 **"타인의 행복을 목적으로 삼으라!"**라고 명령한다.[23]

이 두 윤리명제는 결코 거꾸로 명하여질 수는 없다. 즉 "타인의 완성을 목적으로 삼으라!" 또는 "자기의 행복을 목적으로 삼으라!"라고 명하여질 수 없다. 왜냐하면 성질상 타인 자신만이 할 수 있는 일을 내가 대신해서 해주어야 할 의무를 진다는 것은 불가능에 속하며(나에 의한 타인의 인간완성 불가능성), 또 각자가 이미 즐겨서 스스로 추구하는 바는 성질상 의무의 개념에는 들어가지 않기 때문이다(나의 행복추구의 의무개념 부적합성).[24] 그런데 여기에서 '행복'의 개념은 Kant 윤리학의 엄숙주의적 성향으로 말미암아 쾌락주의적으로 파악되어 있지 않다. '타인의 행복'이라는 것은 실은 그 타인의 입장에서는 '자기의 완성'을 의미하는 것이다. 결국 그의 사회윤리의 전체적 구조는 '자

---

23 I. Kant, a. a. O., S. 515.
24 I. Kant, a. a. O., S. 515 이하.

기완성'을 자기 자신과 타인에 대하여 가능하게 하는 윤리의 최대한
도의 외연을 그리는 데 있다. 그리고 그 외연은 윤리의 최소한도로서
의 법의 외연과 접하게 된다. 바로 이 한계점에서 윤리적 권리·의무
는 법적 권리·의무로 전화轉化된다.

　이러한 윤리와 법의 관계는 타인에 대한 존중의무의 한계로부터 유
래한다. Kant 윤리학에서 타인에 대한 존중의무는 실은 '소극적' 의
무이며 적극적 의무가 아니다. 즉 그 의무는 "타인의 인격을 적극적으
로 존중하라!"라는 요구명제에 입각하고 있는 의무가 아니라 "타인의
인격을 무시하지 말라!"라는 금지명제로부터 오는 소극적 의무이다.
그리고 이 소극적 의무의 위반은 법적 제재의 대상이 되지만, 적극적
의무의 해태懈怠는 법적 제재의 대상은 될 수 없고 다만 도덕적으로 비
난될 수 있을 따름이다. 왜냐하면 법은 타인의 인격을 침해하는 행위
를 금지하고 이에 위반하면 제재를 가할 수 있지만, 타인의 인격을 적
극적으로 존중할 것을 요구할 수는 없기 때문이다. 말하자면, 누구도
타인으로부터 자기 자신에 대한 존경과 존대를 하나의 권리로 강요할
수는 없는 노릇이다. 그러나 타인의 인격을 침해하는 경우는 사정이
다르다. 이 경우에는 그 침해의 금지는 하나의 권리로서 주장될 수 있
고 또한 주장되어야 한다. 이처럼 나의 인격을 침해하지 말라는 주장
이 다름 아닌 윤리적 권리인 것이다.

　그런데 이 **윤리적 권리**는 실은 하나의 청구권(Anspruch)으로서의
권리이다. 따라서 그것을 발생하게 한 기초와 혼동해서는 안 된다. 그
기초가 되는 요소는 Kant에서는 '인격', 즉 '인간의 존엄' 그 자체이
다. 인격의 '권리'라는 것은 다만 자기 이외의 타인에 대해서 그 인격

의 '존재'를 주장할 수 있는 권능을 말하는 것이다. 이러한 인격권의
존재근거로서의 인간의 존엄에 대한 존중의무가 자기 자신과 관계해
서는 도덕적 의무로 나타나고, 타인과 관계해서는 윤리적 의무 및 권
리로 나타나며, 동시에 법으로 전화轉化되면 법적 의무 및 권리로 되는
것이다. 인간의 존엄으로부터 나온 이 **윤리적 의무 및 권리**를 전체적인
관계에서 조화할 수 있게끔 조건화한 것이 곧 **자유의 일반법칙**이고,
그 조건의 총체를 보장하여 놓은 것이 이른바 **법질서**이다. 그래서
Kant는 법의 개념을 다음과 같이 정의하고 있다.

> 법이란 한 사람의 자의恣意가 다른 사람의 자의와 자유의 일반법칙에 따라
> 서로 양립할 수 있는 조건의 총체이다.[25]

이 법의 정의는 결국 모든 사람이 평등하게 자유로울 수 있는 질서
원칙을 뜻한다. 이 질서원칙하에서 모든 사람은 타인과의 사이에서
수단적 존재가 아닌 목적적 존재로서 이른바 목적의 왕국에서 살 수
있게 되는 것이다.

그러나 "모든 사람이 목적적 존재일 수 있는 일반법칙"은 인간의
자유를 무제한으로 허용할 수는 없다. 왜냐하면 그 자유권은 타인과
의 사이에서 "타인의 자의恣意로부터 독립할 권리", 즉 그 자유가 모든
다른 사람의 자유와 서로 충돌되지 아니하고 양립할 수 있는 한에서
만 주장될 수 있는 권리이기 때문이다. 서로 양립할 수 있는 한계를 넘
는 자유권은 타인의 자유를 침해할 것이므로 그 한계 내에서 제한되

---

25 I. Kant, a. a. O., S. 337.

지 않으면 안 된다. 자유의 일반법칙에 따르면, 자유는 언제나 그 제한요소로서 평등을 전제하고 있으며, 마찬가지로 평등 또한 자유를 전제하지 않으면 안 된다. 왜냐하면 불평등은 자유의 양립을 불가능하게 하고, 부자유는 평등성의 바탕을 결缺하기 때문이다. 자유와 평등의 이러한 개념적 상호제약성은 공존자 사이의 인격의 독립성으로부터 나오는 당연한 논리적 귀결이다. Kant는 이것을 "누구도 상호적으로 구속될 수 있는 이상으로 타인에 의하여 구속당하지 아니할 독립성의 권리"라고 말한다.[26] 그러므로 공존상황에서는 자유와 평등은 상호제약적으로 한쪽이 다른 한쪽을 전제하고 있다. 즉 자유는 평등 가운데서만 존재할 수 있고, 평등은 자유 없이는 있을 수 없다. 따라서 **'자유의 일반법칙'**은 자유의 평등성이 균형 잡혀 있는 상태, 즉 만인이 평등하게 자유로울 수 있는 질서상태의 존재구조를 두고 말하는 것이다. 이러한 **'평등한 자유의 원칙'**[27]을 인간질서의 **'근본상황**(Grundsituation)'이라고 한다.[28]

이러한 평등한 자유의 원칙에 입각한 인간질서의 근본상황은 한쪽이 다른 쪽을 단순한 수단으로 삼아서 불평등을 유발할 때 한계상황으로 뒤집힌다. 모든 종류의 불평등, 예컨대 신분적 불평등, 성적 불평등, 계급적 불평등, 인종적 불평등, 민족적 불평등, 정치적 불평등, 경제적 불평등, 국가적 불평등 등이 그러한 것들이다. 이러한 모든 불평등요소에 의하여 인간관계는 균형성을 상실하게 되고, 따라서 인격의

---

26 I. Kant, a. a. O., S. 345.

27 오늘날 Rawls가 정의의 제1원칙으로서 '평등한 자유의 원칙'을 제시한 것도 같은 내용이다(J. Rawls, *A Theory of Justice*, pp. 60-65, 243-251).

28 W. Maihofer, *Rechtsstaat and menschliche Würde*, S. 12 이하, 27 이하(심재우 역, 『법치국가와 인간의 존엄』, 14면 이하, 35면 이하).

독립성은 배제되고, 종속적인 노예상태가 형성되며, 목적적 존재로서의 인간의 실존조건은 부정된다. 한마디로 말하면, 이때 '목적의 왕국'은 **'수단의 왕국'**으로 전락한다. 이렇게 '상호성의 원칙'에 입각한 목적의 왕국이 **'일방성의 원칙'**에 기초한 수단의 왕국으로 뒤집힌 질서상황을 인간질서의 **'한계상황**(Grenzsituation)'이라 한다.[29]

　한계상황의 본질은 그것이 '자연상태(Naturzustand)'라는 데 있다. 자연상태는 약육강식의 밀림의 법칙이 지배하는 곳이지 강자와 약자가 공존하는 이성의 법칙이 지배하는 곳은 아니다. 이 자연상태에서는 육체적, 정신적, 경제적, 정치적, 사회적으로 강한 자가 — 그 강자가 개인일 수도 있고, 계급이나 인종일 수도 있고, 정당이나 종교집단일 수도 있고, 자국이나 타국과 같은 국가 자체일 수도 있다 — 약한 자를 종속시켜서 억압하고 착취하고 심지어는 인종청소를 자행하여 절멸시키는 비인간적 한계상황이 등장한다. 인간이 인간일 수 있는 한계를 벗어나서 비인간으로 전락한 이 한계상황에서 약자는 강자의 힘에 압도되어 단순한 수단적 존재로 노예화한다. 이 한계상황에서는 타인에 대한 존중의무로부터 나오는 인간의 상호존중 원칙은 총체적으로 파괴되어 약자의 인간으로서의 존엄과 가치는 직접적으로 침해된다.

　이처럼 상호존중의 원칙이 파괴된 상황에서 비인간으로 전락한 자가 가해자의 인격을 존중해야 할 이유는 더 이상 존재하지 않는다. 왜냐하면 상호성의 원칙에 기초한 타인에 대한 존중의무는 그 타인이

29　W. Maihofer, a. a. O., S. 12 이하, 27 이하(심재우 역, 앞의 책, 14면 이하, 35면 이하).

나의 인격을 존중하는 한에서만 타당하기 때문이다. 타인에 대한 이러한 존중의무의 한계는 Kant에서는 자유의 일반법칙으로부터 나오는 필연적 결과이다. 왜냐하면 자유의 일반법칙은 나의 자유와 너의 자유가 서로 양립할 수 있다는 조건에서만 상대방의 자유를 존중할 의무를 지기 때문이다. 오히려 상대방이 그의 자유를 남용하여 자유의 일반법칙의 한계를 넘어서 나의 자유를 침해할 때에는 목적의 왕국의 질서원칙인 자유의 일반법칙 자체가 내게 그 타인에 대한 존중의무를 철회하고 그 침해에 대응할 것을 요구하는 셈이다. 그 침해에 대응하는 주장이 곧 타인과의 관계에서 **"나의 인간으로서의 존엄을 주장할 수 있는 권리"**,[30] 즉 **저항권**(Widerstandsrecht)을 의미한다.

타인과의 관계에서 "나의 인간으로서의 존엄을 주장할 수 있는 저항권"은 나의 권리일 뿐만 아니라 동시에 나의 의무이다. 내가 저항을 할 것인가 하지 않을 것인가를 나는 자유롭게 선택할 수 없다. 왜냐하면 저항을 하지 않는 것은 자기 자신에 대한 존중의무의 위반이기 때문이다. Jhering은 그의 『권리를 위한 투쟁』에서 이 저항의 권리와 저항의 의무를 다음과 같이 적절하게 표현해 주고 있다.

내가 나의 인권을 타인에 의하여 유린당하고도 저항을 하지 말아야 한다면 차라리 나는 한 사람의 인간이기보다는 개로 남기를 바라야 할 것이다! … 나 자신 가운데 있는 인간성의 권리를 존중하지 아니하는 행위에 대하여 나에게 주어진 모든 수단을 동원하여 투쟁하는 것은 나의 의무이다. 이러한 인권침해를 감수하는 것은 나 개인의 삶에서 권리 없는 순간을 만들어 놓는다. … 이 권

---

30 R. v. Jhering, *Der Kampf ums Recht*, S. 62(심재우 역, 『권리를 위한 투쟁』, 96면).

리가 없으면 인간은 동물의 단계로 전락할 수밖에 없다. 따라서 자신이 하나의 인간이기를 주장하는 이 권리는 자기 자신을 도덕적 존재로 유지해야 할 의무에 속한다. 이 권리를 포기하는 것은 도덕적 자살이다.[31]

저항권은 인간의 인권이기는 하나 인간의 생래적인 인권, 즉 인간의 기본적 자유권으로서의 인권과는 구별되어야 한다. 저항권은 이러한 생래적인 기본적 인권이 침해될 때 그것을 방위하는 인권이다. 따라서 저항권은 분명히 인간의 권리로부터 나온 것이지 국가의 권리로부터 나온 것은 아니다. 그러나 그 권리는 원래 인간이 가져야 할 권리가 아니라 국가가 가지고 있어야 할 권리이다. 왜냐하면 인권을 보호할 책임은 국가권력의 몫이기 때문이다. Kant의 말을 빌리면, 국가권

---

31 R. v. Jhering, a. a. O, S. 21 이하(심재우 역, 앞의 책, 40-41면). 이 밖에도 저항권을 특히 '**인간의 존엄을 방어하는 권리**'로 이해하는 견해들을 찾아볼 수 있다. "인간의 존엄을 유지하기 위하여 인간에게는 단순히 국가에 복종을 거부하는 권리뿐만 아니라 투쟁을 선언하는 권리도 주어져 있다"[W. Maihofer, *Rechtsstaat und menschliche Würde*, S. 115(심재우 역, 『법치국가와 인간의 존엄』, 134-135면)]. "그 당시 올곧은 사람들의 저항은 인간을 비로소 인간다운 존재로 만드는 것, 즉 인간의 존엄을 구제하고자 시도한 것이었다. 여기서 문제가 된 것은 정치적 투쟁이며, 그 투쟁의 내용은 인간성을 박탈하는 데 대한 인간존재의 방어행위였다(H. C. Nipperdey, "Die Haftung für politische Denunziation in der Nazizeit", S. 229)." "나는 억압받고 압도당한 소수 민족에게 법적 수단이 불충분하다고 판단될 때에는 법외적 수단을 사용할 수 있는 저항의 자연권이 주어져 있다고 믿는다. 그것은 개인적 이익이나 개인적 복수를 하기 위한 것이 아니라 그들이 한 사람의 인간존재로 남기를 바라기 때문이다(H. Marcuse, "Repressive Toleranz", S. 127)." E. Bloch는 이렇게 말한다. "인간이 개와 같이 취급당하지 아니할 권리, 즉 인권을 위한 투쟁이 여기서 중요하다(J. Améry, "Das Jahrhundert ohne Gott", S. 293에서 인용)." "모든 인간의 인격 가운데 있는 인간성의 권리, 즉 인간을 마치 인간이 아닌 것처럼 취급해서는 안 될 그 인간성의 권리가 곧 저항권의 문제이다(J. Ebbinghaus, "Positivismus - Recht der Menschheit — Naturrecht - Staatsbürger-recht", S. 70)."

력은 '자유의 저해를 저지(Verhinderung eines Hindernisses der Freiheit)'
하는 강제권으로서 자유를 보호하는 기능을 한다. 이렇게 국가권력은
인간을 '자유에로 강제(Zwang zur Freiheit)'하는 강제수단이라는 점
에서 그 권력은 도덕적으로 정당화되며, 그런 의미에서 '신성한 권력'
이다. Kant가 '국가의 존엄(Staatswürde)'이라는 말을 사용하는 것도
그 때문이다.[32] 또한 그가 인권보호의 기능을 하는 이 '신성한 권력'에
도전하는 저항권에 대하여 부정적인 입장을 취하는 것도 충분히 이해
할 만하다. 그러나 국가권력은 인권보호의 기능을 하는 한에서만 신
성한 권력일 수 있으며, 거꾸로 인권을 침해하는 기능을 할 때는 그것
은 '악마의 권력'에 지나지 않는다. 이처럼 그 자체 신성한 권력이 악
마의 권력으로 전도되었을 때 이에 도전하는 저항권도 '신성한 권력'
이 될 수밖에 없다. 왜냐하면 이때의 저항권은 '인간의 존엄'이라는
신성한 가치를 보호하는 권력이기 때문이다.

　인간이 인간답게 살기 위해서는 두 개의 권력이 필요하다. 하나는
국가권력이고, 다른 하나는 저항권이다. 국가권력은 법상태에서의 인
간보호 권력이고, 저항권은 자연상태에서의 인간보호 권력이다. 만일
자연상태에 빠진 인간에게 이 권리가 부여되지 않는다면 그들은 결코
인간답게 살 수 없고 하나의 비인간으로 살 수밖에 없다. 우리 인간은
자연상태에 더 인간답게 살 수 있기 위하여 이 저항권을 필수적인 무
기로 가지고 있어야 한다.

---

32 I. Kant, *Die Metaphysik der Sitten*, S. 338 이하, 434.

제4장

저항권의 정당화와 저항권론

국가권력에 대한 저항권의 행사가 법적으로 허용되고 윤리적 의무로 부과될 수 있는가? 그렇다면 그것은 어떻게 정당화될 수 있을 것인가? 우리는 그 정당화 근거를 대체로 5갈래의 학설 가운데서 발견할 수 있다.

1) 신학적 자연법론神學的 自然法論
2) 지배계약설支配契約說
3) 사회계약설社會契約說
4) 계몽적 자연법론啓蒙的 自然法論
5) 국가윤리설國家倫理說

첫째, 서양 중세의 신학적 자연법론에 의하면 법은 신神의 이성 또는 신의 의지의 표현으로 이해되었다. 이 자연법은 시간과 공간을 초월하여 타당하며 인간이 정한 실정법의 상위에서 효력을 갖는다. 영원하고 불변적인 이 진리의 자연법에 반하는 모든 실정법은 효력이 없으며, 따라서 누구도 구속할 수 없다. 실정법을 초월하여 그 상위에

서 효력을 갖는 이 자연법이 그것에 반하는 지배권력에 대하여 저항
하는 것을 승인하고 또한 재가裁可하였던 것이다.

둘째, 서양 중세의 국가관에 의하면 지배자의 법적 지위는 오로지
지배자와 피지배자 사이의 계약에 의존하였다. 이것을 '지배계약
(Herrschaftsvertrag)'이라 한다. 이러한 지배계약의 형식은, 새로운
정부가 출범할 때 지배자와 국민 사이에서 지배자는 국민을 보호할
것을 서약하고 국민은 지배자에게 복종할 것을 맹세함으로써 이루어
진다. 그 결과 지배자가 그의 지배권을 남용함으로써 이 계약을 위반
할 때는 국민은 그의 복종의무와 충성의무로부터 해방되며 정당하게
저항할 수 있다. 따라서 여기에서의 저항권의 정당화는 지배계약의
파기로부터 오는 법적 효과로 나타난다. 그러나 지배계약은 사회계약
과 같이 국가를 시원적으로 창설하는 계약이 아니라 창설된 국가의
지배형식을 헌법적으로 확정하는 법률행위이다. 그러므로 지배계약
설에서 저항권의 정당화 근거는 자연법이 아니며 실정법이다.

셋째, 서양 근대의 사회계약설이다. 사회계약은 시원적으로 국가
를 창설하는 계약이며 공동체 내에 있는 모든 사람 사이에서 체결된
다. 이 점이 지배계약과 다르다. 그리고 사회계약은 지배계약과 같이
역사적 사실로서 체결되는 실제적 계약이 아니라 가설적으로 체결되
는 가공적 계약이다. 사회계약은 국가와 법의 정당성 근거, 즉 그 존재
근거와 목표근거를 제시하고, 또한 국가권력의 본질과 한계를 규정하
기 위한 이론적 가설이다. 그러나 이 가설의 내용은 자의적인 것이 아
니라 '추정된 이성적 합의(der präsumtiv vernünftige Konsens)'이다.

사회계약설에 의하면 국가성립 이전의 자연상태와 국가성립 이후

의 법상태(또는 시민상태)를 구분하고, 자연상태에서는 인간은 자기보존의 자연권을 가지고 자기를 보호하지만, 법상태法狀態에서는 국가권력에 의하여 보호받는다. 그러나 국가가 그의 권력을 남용하여 인간을 보호하는 대신 인간을 공격할 때는 인간은 이에 맞서서 자기방어를 하지 않을 수 없는데 그것이 저항권이다. 이 저항권은 원래 자연상태에서 인간이 가지고 있었던 자기보존권이었으나 사회계약을 체결할 때 국가에 이양되었다가, 국가권력의 남용으로 인하여 계약이 무효가 되고 국가가 해체되자 다시 원래의 주인인 인간에게 되돌아와서 저항권으로 변한 것이다. 따라서 이 저항권의 정당화 근거는 자연상태에서 인간이 자기보존을 위하여 가지고 있었던 자연권 가운데 놓여 있다.

넷째, 서양 근대의 계몽적 자연법이다. 이 계몽적 자연법은 계몽주의 철학자 Rousseau와 Kant에 의하여 확립된 것인데, 국가권력이 남용되어 인간의 기본적 자유가 침해될 때는 인간의 종국목적인 계몽을 불가능하게 한다는 것이다. 따라서 이 계몽을 가능하게 만들기 위하여 인권을 침해하는 체제에 도전하여 투쟁을 벌이게 되는데 그것이 저항권이다. 그러므로 여기서 저항권의 정당화 근거는 인간의 존엄과 인권을 존중하는 질서원칙인 계몽적 자연법 그 자체이다.

다섯째, 국가윤리이다. 우리는 국가윤리로부터 저항권을 정당화하는 이론을 동양의 유가儒家의 국가철학, 특히 맹자孟子의 이른바 역성혁명론易姓革命論에서 찾아볼 수 있다. 유가에서는 국가를 권력단체로 보지 않고 하나의 윤리단체로 파악한다. 따라서 폭군暴君은 윤리적으로 이미 군주의 자격을 상실한 한낱 필부匹夫에 지나지 않으므로, 그를

임금의 자리에서 내쫓거나 살해하는 것은 반역이나 시해가 되지 않는
다는 것이다.

I. 맹자의 저항권론(역성혁명론)

인류 역사상 저항권론을 가장 먼저 전개한 사람은 아마도 맹자일
것이다. 그의 저항권론[이른바 역성혁명론易姓革命論]은 민본주의와 왕도
주의에 기초한 국가윤리에 근거하고 있다. **민본주의**民本主義란 국가의
권력이 인민에게서 나오고 또한 인민을 위하여 행사되어야 한다는 것
이고, **왕도주의**王道主義는 선왕지도先王之道에 따라 인치仁治와 덕치德治
를 행하는 것을 말한다. 국가철학적으로 볼 때, 전자는 **통치권획득의
윤리적 정당화 근거**이고 후자는 **통치권행사의 윤리적 정당화 근거**이다.
전자에서는 민본주의의 원리가 도출되고 후자에서는 역성혁명의 이
론이 도출된다.

맹자는 "인민이 가장 귀하고, 국가가 그다음이고, 군주는 가장 경
하다"라고 한다.[1] 맹자가 인민을 가장 귀한 위치에 두게 된 것은 그의
도덕적 인간관에 연유한다. 그에 의하면 군주는 인간의 도덕적 본성
[인仁·의義·예禮·지智]을 존중하고 교화할 임무를 띠고 있으며, 성선설
性善說에 근거하여 백성을 선善으로 인도할 책임을 지고 있는 사람이
다. 이렇게 인간가치의 실현이 국가의 목적으로 되어있으며 그 목적
을 수행하기 위한 수단이 군주이다. 그래서 "민위귀民爲貴, 사직차지社

---

1 『孟子』,「盡心章句下」: "民爲貴, 社稷次之, 君爲輕."

稷次之, 군위경君爲輕"이라 말한 것이다. 맹자에서 통치자는 천자(天子)
이며 그 천자는 천명天命을 받아야만 통치권을 획득한다. 따라서 왕권
은 세습되는 것이 아니라 그때그때 하늘로부터 받는다. 이것은 형식
적으로는 왕권천수설王權天授說이라 할 수 있겠으나 실질적으로는 왕
권민수설王權民授說이다. 왜냐하면 민民이 천天을 대신해서 왕王을 받아
들이기 때문이다. 이 점을 맹자는 그의 제자 만장萬章과의 문답에서 다
음과 같이 말하고 있다.

　만장왈萬章曰, "요堯 임금이 천하를 순舜에게 주었다는 것이 사실입니까?" 맹
자왈孟子曰, "아니다. 천자天子가 천하를 남에게 주지 못한다." "그러면 순이 천
하를 차지한 것은 누가 준 것입니까?" "하늘이 준 것이다." "하늘이 주었다는 것
은 하늘이 직접 명命을 내리신 것인가요?" "아니다. 하늘은 말을 하지 않는다.
행동과 사실을 가지고 그 뜻을 보여줄 따름이다." "행동과 사실을 가지고 그 뜻
을 보여준다는 것은 무엇을 뜻하는 것입니까?" "천자는 사람을 하늘에 천거할
수는 있지만, 하늘이 그에게 천하를 주도록 할 수는 없다.… 옛날에 요 임금이
순을 하늘에 천거하였더니 그를 받아들이신 다음 그를 인민 앞에 내놓았는데
인민들이 그를 받아들였다. 그러므로 '하늘은 말을 하지 않고 행동과 사실을
가지고 그 뜻을 보여줄 따름이다'라고 하는 것이다."[2]

　이 대화에서 알 수 있듯이, 천자가 천명天命을 받는 것은 민의民意에

---

2 『孟子』, 「萬章章句上」: "萬章曰, 堯以天下與舜, 有諸, 孟子曰, 否, 天子不能以
　天下與人, 然則舜有天下也, 孰與之, 曰, 天與之, 天與之者, 諄諄然命之乎, 曰,
　否, 天不言, 以行與事示之而已矣, 曰, 以行與事示之者, 如之何, 曰, 天子能薦人
　於天, 不能使天與之天下, … 昔者, 堯薦舜於天而天受之, 暴之於民而民受之, 故
　曰, 天不言, 以行與事示之而已矣."

의해 확인된다. 즉 하늘은 말이 없고 다만 인민을 통하여 말을 할 따름이다. 따라서 민의民意는 곧 천의天意이고 민심民心은 곧 천심天心이다. 그러므로 천자의 통치권은 명목상으로는 하늘로부터 부여받지만, 실질적으로는 인민으로부터 부여받는다. 그래서 맹자는 이어서 말하고 있다.

하늘이 순에게 제사를 주관하게 하였는데 모든 신神이 그 제사를 받아들이시니 그것은 하늘이 그를 받아들이신 것이고, 또 그에게 나랏일을 주관하게 하여 다스리게 하였던 바, 백성이 평안하게 되니 이것은 인민이 그를 받아들인 것이다. 하늘이 천하를 그에게 주었으며 인민이 그에게 천하를 주었으니 그 까닭으로 "천자가 천하를 남에게 주지 못한다"고 하는 것이다. … 태서泰誓에 "하늘이 보는 것은 우리 인민이 보는 것을 따르고 하늘이 듣는 것은 우리 인민이 듣는 것을 따른다"라고 한 것은 이것을 두고 한 말이다.[3]

이렇게 맹자에서 지배자의 통치권은 국민에게서 나오고 있다. 이것은 오늘날의 국민주권의 이론에 해당한다. 다만 그 국민주권의 행사 방법으로서 오늘날에는 선거가 활용되고 있지만, 그 당시에는 그러한 제도를 알지 못했다는 차이가 있을 뿐이다.

위의 맹자의 말이 우리에게 시사하는 바는, 하늘은 직접 인민을 다스리는 것이 아니라 천자를 통하여 간접적으로 인민을 다스린다는 점이다. 말하자면 천자는 하늘의 뜻을 대행하는 사람이다. 이 대행자에

---

3 『孟子』, 「萬章章句上」: "曰, 使之主祭而百神享之, 是天受之, 使之主事而事治, 百姓安之, 是民受之也, 天與之, 人與之, 故曰, 天子不能以天下與人. …… 泰誓曰, 天視自我民視, 天聽自我民聽, 此之謂也."

게 주어진 과제는 국태민안國泰民安의 질서를 세움으로써 백성이 평안
하게 살 수 있도록 보살펴주고 돌보아주고 교화시켜서 선善으로 인도
하는 데 있다. 이처럼 천자는 오로지 인민을 위하여 정치를 하는 것이
므로 이것을 '**민본주의**民本主義'라고 일컫는 것은 적절한 표현이라 하
겠다. 다음으로, 맹자에서 통치권행사의 윤리적 정당화는 '**왕도주의**王
道主義'에 근거한다. 왕도주의는 선왕先王의 치도治道에 따르는 것을 말
하는데 그 내용은 인치仁治와 덕치德治이다. 인치는 인간의 도덕적 본
성을 존중하고 보호하는 인도주의적 정치를 행하는 것을 말하며, 덕
치는 임금이 성인聖人으로서 덕을 닦아 그 덕성의 모범을 보임으로써
백성이 따라오도록 다스리는 것을 말한다. 이 점을 맹자는 다음과 같
이 말한다.

　성인聖人은 인륜의 극치이다. 임금 노릇을 하려면 임금의 도道를 다하여야
하고 신하 노릇을 하려면 신하의 도를 다하여야 한다. 이 두 가지는 다 요순堯
舜을 모범으로 삼아야 할 뿐이다. 순이 요 임금을 섬기던 대로 임금을 섬기지
않으면 임금을 공경하지 않는 사람이 되고, 요 임금이 인민을 다스린 대로 인
민을 다스리지 않으면 인민을 해치는 사람이 된다. 공자孔子는 "도는 둘이다.
인仁이 아니면 불인不仁이 있을 뿐이다"라고 말하였다. 인민에게 심한 폭정을
하면 몸은 시해弑害되고 나라는 망하며, 그 폭정이 심하지 않더라도 몸은 위태
로워지고 나라는 기울 것이다.[4]

---

4 『孟子』, 「離婁章句上」: "聖人人倫之至也, 欲爲君盡君道, 欲爲臣盡臣道, 二者皆法
堯舜而已矣, 不以舜之所以事堯事君, 不敬其君者也, 不以堯之所以治民治民, 賊其
民者也, 孔子曰, 道二, 仁與不仁而已矣, 暴其民甚, 則身弑國亡, 不甚, 則身危國削."

이렇게 임금이 인치仁治를 할 가능성 근거를 맹자는 그의 성선설性善說에 기초한 도덕적 인성관人性觀에서 바라본다.[5] 그의 인성관이 국가철학에서 갖는 의의는 인도주의적 지배를 가능하게 한다는 데 있다. 즉 치자나 피치자나 다 같이 도덕적 존재로서의 인간이므로 인간성의 바탕 위에서 통치가 행해질 수 있고 또한 행해져야 한다는 것이다. 이것을 '불인인지심不忍人之心' 또는 '불인인지정不忍人之政'이라 한다.

옛날 선왕先王은 불인인지심不忍人之心이 있어서 불인인지정不忍人之政을 행하게 되었다. 사람으로서 차마 할 수 없는 이 마음을 가지고 잔인하지 아니한 정치를 행하면 천하를 통치하는 것은 가히 손바닥 위에서 움직이는 것처럼 쉬울 것이다.[6]

성인聖人이 이미 마음과 생각을 다하시고 그에 이어 불인인지정을 행하시니 인仁이 천하를 뒤덮은 것이다. … 그러니 정치를 하는 데 선왕의 도道를 따르지 않는다면 지혜롭다고 할 수 있겠는가. 그러므로 오직 인자仁者만이 높은 지위에 있어 마땅하다. 불인不仁한 사람이 높은 자리에 있으면 그것은 악惡을 인민에게 뿌리는 것이다.[7]

---

5 성선설과 성악설의 해석에 관해서는 심재우, 「맹자의 역성혁명론」, 『동서의 법철학과 사회철학』(서돈각박사 고희기념논문집), 법문사, 1990, 519면 이하[= 심재우, 『왕도와 패도』, 2021, 3면 이하] 참고.

6 『孟子』, 「公孫丑章句上」: "先王有不忍人之心, 斯有不忍人之政矣, 以不忍人之心, 行不忍人之政, 治天下可運之掌上."

7 『孟子』, 「離婁章句上」: "聖人旣竭心思焉, 繼之以不忍人之政, 而仁覆天下矣. … 爲政, 不因先王之道, 可謂智乎, 是以仁者, 宜在高位, 不仁而在高位, 是播其惡於衆也."

맹자의 이러한 인치사상仁治思想의 정치철학적 의의는 치자가 피치자를 인仁으로써 인간답게 다루어야만 왕도정치가 설 수 있다는 데 있다. 인간의 도덕적 본성인 인仁이야말로 왕도의 근본이며 인도주의적 정치의 핵심적 덕목이다.

왕도주의의 다른 한 측면은 덕치德治에 있다. 유가의 치도治道는 권력에 의한 법치보다 선교善敎에 의한 덕치를 중요시한다. 이미 공자도 『논어論語』에서 법치보다 덕치가 더 중요하다는 것을 언급하고 있다.

백성을 법法으로써 인도하고 형刑으로써 다스리면 그들은 법망을 뚫고 형을 피함을 수치로 여기지 아니한다. 그러나 덕德으로써 인도하고 예禮로써 다스리면 수치심을 갖게 되고 질서도 바로잡히게 된다.[8]

맹자도 덕치가 법치보다 우월하다는 것을 다음과 같이 강조한다.

법으로써 하는 선정善政은 덕으로써 하는 선교善敎에 의하여 백성을 교화하는 것만 같지 못하다. 법으로써 하는 선정은 백성이 두려워하지만, 덕으로써 하는 선교는 백성이 사랑한다. 선정은 백성으로부터 세금을 얻지만, 선교는 백성으로부터 민심을 얻는다.[9]

사람의 부족함도 책망할 것이 못 되며 정치의 부족함도 비난할 것이 못 된

---

8 『論語』, 「爲政三」 : "道之以政, 齊之以刑, 民免而無恥, 道之以德, 齊之以禮, 有恥且格."
9 『孟子』, 「盡心章句上」 : "善政不如善敎之得民也, 善政民畏之, 善敎民愛之, 善政得民財, 善敎得民心."

다. 오로지 덕을 지닌 큰 사람만이 군주의 마음의 잘못을 바로잡을 수 있다. 군주가 인자하면 아무도 인자하지 않을 수 없고, 군주가 의로우면 아무도 의롭지 않을 수 없고, 군주가 올바르면 아무도 올바르지 않을 수 없다. 한번 군주가 올바르게 되면 나라도 안정된다.[10]

"덕德으로써 인仁을 행하는 자가 왕자王者이다." 맹자는 이 왕도주의 王道主義를 패도주의覇道主義와 구분하여 대비시킨다. 왕도가 덕과 인으로 백성을 다스리는 것이라면 패도는 힘과 권력으로써 인민을 다스리는 것을 말한다. 패도도 겉으로는 인치仁治를 가장하지만 그들의 정치적 목적과 동기는 왕도와 전혀 다르다. 왕도는 인민의 이익을 위하여 다스리는 것이지만 패도는 치자 자신의 이익을 위하여 다스린다. 따라서 왕도에서는 인민이 정치의 목적으로 되어 있지만, 패도에서는 인민은 정치의 수단으로 되어 있다. 또한 왕도에서는 인민은 자발적으로 복종하지만, 패도에서는 인민은 강제로 인해 하는 수 없이 복종한다. 이 점을 맹자는 다음과 같이 말하고 있다.

권력으로써 인치仁治를 가장하는 자는 패자覇者이다. 패자는 반드시 큰 나라를 갖는다. 그러나 덕으로써 인을 행하는 자는 왕자王者이다. 왕자는 큰 나라를 지닐 필요가 없다. 탕湯 임금은 70리里로써 왕자가 되었고 문왕文王은 100리로써 왕자가 될 수 있었다. 힘으로써 사람을 복종케 하는 것은 마음으로부터 복종하는 것이 아니며 힘이 부족하기 때문에 하는 수 없이 복종하는 것이지만,

---

10 『孟子』,「離婁章句上」: "人不足與適也, 政不足間地, 惟大人爲能格君心之非, 君仁莫不仁, 君義莫不義, 君正莫不正, 一定君而國定矣."

저항권

덕으로써 사람을 복종케 하는 것은 마음속으로부터 정말로 기뻐서 복종하는 것이다.[11]

이상에서 살펴본 바와 같이 맹자에서 통치권행사의 윤리적 정당화는 인치와 덕치에 의한 왕도주의에 있다. 반면에 패도주의는 힘과 권력으로써 통치하는 것이므로 윤리적으로 정당화될 수 없다. 왕도주의가 천명天命에 순응하는 천자天子의 통치권 행사 양식이라면 패도주의는 천명에 거역하는 통치권행사 양식이다. 여기서 '천명'을 바꾸는 '혁명革命'이 문제되는 것은 맹자에게는 당연한 논리적 귀결이다. 그는 치자가 왕도에 따라 인정仁政을 행하지 않고 패도에 따라 폭정暴政을 행하면 반드시 망한다는 것을 확신하고 있다. 그는 말한다.

삼대三代[하夏·은殷·주周] 때에 천하를 얻은 것은 인仁 때문이요, 천하를 잃은 것은 불인不仁 때문이다. 나라의 흥망성쇠가 역시 그러하다. 천자가 불인하면 천하를 보존하지 못하고, 제후가 불인하면 사직을 보존하지 못하고, 경卿이나 대부大夫가 불인하면 종묘를 보전하지 못하고, 사士나 서인庶人이 불인하면 사체四體를 보존하지 못한다. 그런데 지금 사멸死滅하는 것은 싫어하면서 불인을 즐기고 있으니 이것은 취하는 것을 싫어하면서 억지로 술을 마시는 것과 같다.[12]

---

11 『孟子』,「公孫丑章句上」: "以力假仁者霸, 霸必有大國, 以德行仁者王, 王不待大, 湯以七十里, 文王以百里, 以力服人者, 非心服也, 力不贍也, 以德服人者, 中心悅而誠服也."
12 『孟子』,「離婁章句上」: "三代之得天下也, 以仁, 其失天下也, 以不仁, 國之所以廢興亡者亦然, 天子不仁, 不保四海, 諸侯不仁, 不保社稷, 卿大夫不仁, 不保宗廟, 士庶人不仁, 不保四體, 今惡死亡而樂不仁, 是猶惡醉而強酒.", 이와 같은 뜻의 말이

맹자는 불인不仁한 치자가 망하는 방법에 두 가지가 있음을 알려준
다. 그 하나는 군주를 바꾸는 것이고, 다른 하나는 군주를 살해하는 것
이다. 맹자는 재齋나라의 선왕宣王과의 대화에서 다음과 같이 말한다.

군주에 큰 잘못이 있으면 간諫하고 그것을 되풀이하여 간하여도 들어주지
아니하면 군주를 바꾸어 버립니다.[13]

이것은 실덕失德을 한 군주를 폐위廢位하고 다른 사람을 그 자리에
들어 세우는 역위易位를 뜻한다. 또 하나의 방법은 폭군을 살해하는 것
이다.

재齋 나라의 선왕이 맹자에게 묻기를, "탕 임금이 걸桀을 내쫓고 무왕武王이
주紂를 방벌放伐했다는데 그런 일이 있습니까?" 맹자왈, "옛 기록에 있습니다."
선왕이 다시 묻기를, "신하로서 군주를 시해하는 것이 있을 수 있습니까?" 맹
자가 이에 답하되, "인仁을 해치는 자를 적賊이라 하고 의義를 해치는 자를 잔
殘이라고 합니다. 잔적殘賊을 일삼는 자를 일부一夫라고 합니다. 일부 주紂를
살해殺害했다는 말은 들었지만, 군주를 시해弒害했다는 말은 아직 듣지 못하
였습니다."[14]

「公孫丑章句上」에도 보인다. "仁則榮, 不仁則辱, 今惡辱而居不仁, 是猶惡濕而
居下也."
13 『孟子』, 「萬章章句下」: "君有大過, 則諫, 反覆之而不聽, 則易位."
14 『孟子』, 「梁惠王章句下」: "齊宣王問曰, 湯放桀, 武王伐紂, 有諸, 孟子對曰, 於
傳有之, 曰, 臣殺其君可乎曰, 賊仁者謂之賊, 賊義者之殘, 殘賊之人, 謂之一夫,
聞誅一夫紂矣, 未聞弒君也."

맹자의 이러한 역성혁명사상易姓革命思想은 국가권력이 도덕성을 상실하면 그것은 이미 국가권력으로서의 권위를 가질 수 없으며 단순한 폭력에 지나지 않는다는 데 있다. 그의 국가철학에서는 불인不仁을 행해서는 안 될 군주가 불인을 행하면 그것은 이미 군주로서의 자격을 상실한 한낱 필부匹夫에 지나지 않으므로, 그를 제거하거나 살해하는 것은 찬탈이나 시역弑逆이 되지 않는다는 것이다.

맹자의 역성혁명론은 결코 찬탈이나 시역弑逆을 정당화시켜 주는 이론이 아니다. 역성혁명과 찬탈은 각각 다른 전제로부터 출발하고 있음을 주의해야 한다. 역성혁명으로서의 폭군방벌暴君放伐은 방벌하는 쪽의 인仁과 방벌 당하는 쪽의 불인不仁[폭暴]이 있어야 하지만, 찬탈은 방벌당하는 쪽의 불인不仁[폭暴]이 없는 경우이다. 이 양자의 구별을 맹자는 명백히 밝혀 놓고 있다.

공손추公孫丑가 묻기를, "이윤伊尹이 '나는 부정한 일을 그냥 보고 견딜 수 없다'고 말하고 태갑太甲을 동桐으로 쫓아냈는데 인민이 크게 기뻐하였고, 태갑이 현명하여지자 다시 돌아오게 하였는데 인민이 또한 크게 기뻐하였습니다. 현명한 자로서 신하가 되었을 때 그 군주가 현명하지 못하다면 본래 쫓아내기 마련입니까?" 맹자가 이에 답하여, "이윤과 같은 생각이라면 가可하지만, 이윤과 같은 생각이 아니라면 찬탈입니다."[15]

이윤伊尹은 군주 태갑太甲이 불인不仁하기 때문에 동桐이라는 곳으로

---

15 『孟子』,「盡心章句上」: "公孫丑曰, 伊尹曰, 予不狎于不順, 放太甲于桐, 民大悅, 太甲賢又反之, 民大悅. 賢者之爲人臣也, 其君不賢則固可放與, 孟子曰, 有伊尹之志則可, 無伊尹之志則篡也."

내쫓았는데 그가 다시 인仁하게 되자 돌아오게 하였던 것이다. 따라
서 군주에게 불인이 없는데도 왕위를 박탈하여 내쫓은 것은 아니다.
다시 말하면, 그것은 찬탈이 아니고 역성혁명이었다. 역성혁명은 폭
정暴政이나 학정虐政과 같은 불인이 있을 때만 정당화되는 혁명이며,
찬탈은 그러한 불인이 없음에도 불구하고 왕권을 탈취하는 경우이
다. 결국 역성혁명은 폭군에 대항하는 저항권을 정당화하고 있으며,
그것은 국가권력의 도덕성의 상실을 다시 회복시켜 주기 위한 것이
다. 그 방법이 폭군살해暴君殺害이건 폭군방벌暴君放伐이건 국가윤리의
회복이 그 정당화 근거로 되어 있는 것이다.[16]

---

16 유가儒家의 역성혁명사상은 맹자에게만 있었던 것은 아니며, 공자孔子나 순자荀子
에게서도 발견된다. 공자는 다음과 같이 말하고 있다. "만약 예법禮法에 좇아 인
정仁政을 펴지 아니하는 임금이 있다면 백성의 재앙을 막기 위하여 그를 권세의
지위에서 제거하여야 한다(『禮記』, 「禮運」: "如有不由此者, 在勢者去, 衆以爲
殃")." 또한 순자도 다음과 같이 말하고 있다. "탕왕湯王과 무왕武王은 백성들의 어
버이였고 폭군 걸桀과 주紂는 백성들의 원수인 적賊이었다. 지금 세속의 설자設者
들은 걸과 주를 임금이라 하고 탕왕湯王과 무왕武王을 자기 임금을 살해한 사람이
라고 하는데, 그렇다면 이는 백성의 어버이를 주멸誅滅하고 백성의 원수인 적賊을
웃어른으로 받드는 격이니 상서롭지 못한 말로서 이보다 더한 것은 없을 것이다.
천하가 복종하는 것이 왕王인즉 천하가 일찍이 걸과 주에게 복종한 일이 없다. 그
런데도 탕왕과 무왕이 자기 임금을 시해하였다고 하니 천하에 아직 이런 논리가
있어 본 적이 없으며 이는 헐뜯기 위한 망언에 지나지 않는다(『荀子』, 「正論」:
"湯武者, 民之父母也, 桀紂者, 民之怨賊也, 今世俗之爲說者, 以桀紂爲君, 而以湯
武爲弑, 然則是 誅民之父母, 而師民之怨賊也, 不祥莫大焉, 以天下之合爲君, 則天
下未嘗合於桀紂也, 然則以湯武爲弑, 則天下未嘗有說也, 直墮之耳")." "임금
은 배요, 백성은 물이다. 물은 배를 뜨게도 하지만, 물은 배를 전복시키기도 한
다(『荀子』, 「王制」: "君者舟也, 庶人者水也, 水則載舟, 水則覆舟")."

Ⅱ. Milton의 저항권론

영국의 유명한 저항권론자 Milton은 그의 저서 『왕과 관헌의 직분』 에서 다음과 같은 전제로부터 출발한다.

모든 인간은 신神 자신과 같은 모습으로 만들어져서 그 본성상 자유로운 존재로 태어났으며, 만물의 영장으로서의 그의 능력 때문에 지배를 위하여 태어난 것이지 복종을 위하여 태어난 것은 아니다.[17]

이렇게 인간은 **자유권**自由權과 **지배권**支配權을 가지고 태어났다는 인간학적 근본전제가 그의 국가철학과 저항권론의 출발점을 이루고 있다.

Milton은 국가의 발생에 관한 그의 설명 가운데서 Hobbes와 같이 인간의 자연상태를 '만인의 만인에 대한 투쟁상태'로 보며 사회계약을 통하여 이로부터 탈출한다.

자연상태에서의 인간은 서로서로 불법과 폭력을 행사하므로 그러한 생활양식은 자연적으로 만인의 멸망을 초래하게 될 것임에 틀림없다. 따라서 인간은 이러한 자멸상태를 예견하고 국가를 만들어 서로서로 불법을 행하지 않도록 의무지우는 데 합의하였다. 그리고 이러한 합의에 반하는 행위를 하고 평화를 파괴하는 모든 자에 대하여 방어하는 데 동의하였다. 그렇게 해서 마을과 도시와 국가가 생겨난 것이다.[18]

---

17 J. Milton, *The Tenure of Kings and Magistrates*, p. 8.
18 J. Milton, op. cit., p. 8; 이에 관해서는 또한, *Defence of the People of England*(*The first Defence*), Preface, p. 35; chap. 5, p. 269; chap. 7, p. 395 참조.

　사회계약을 통한 국가성립의 목적은 이렇게 서로서로 불법과 폭력을 행사하는 자연상태를 극복하고 사람들 사이에 평화로운 공존을 가능케 하는 법상태를 마련함으로써 각자의 자기보존권을 법적으로 확실하게 보장하는 데 있다.

　Milton은 국가발생에 이어 정부를 구성하고 저항권을 발생시키는 근거에 관하여 다음과 같이 말한다.

　인간은 질서와 평화를 위하여 그리고 각자가 자신의 행위에 대하여 편파적인 법관이 되지 않도록 하기 위하여 원래 각자가 가지고 있었던 자기방어의 권리와 자기보존의 권리 및 권위를 어느 한 사람 또는 다수인에게 이양하였다. 전자를 왕王이라 하고 후자를 관헌官憲이라 한다.[19]

　그렇다면 그들이 이양받아 가지고 있는 이른바 통치권, 즉 국가권력이란 것은 실은 자연상태에서 각 개인이 가지고 있었던 **자기방어권**自己防禦權과 **자기보존권**自己保存權 이외의 다른 것이 아니다. 따라서 지배자의 통치권은 그 본질상 법에 따라서 인간을 보호하는 것 이외의 다른 목적을 가질 수 없다. 그래서 그는 이어서 말하기를, "사리事理를 자세히 숙고하는 자에게는 왜 자유로운 인간 가운데서 어느 한 사람이 법률에 따라 다른 사람을 지배할 권위와 사법적 권리司法的 權利를 가져야 하는지를 어떤 다른 목적과 근거를 갖고 생각할 수는 없다."[20]

　다른 한편 권리이양은 국민의 자유로운 자기결정에 의하여 이루어

19 J. Milton, *The Tenure of Kings and Magistrates*, p. 8.
20 J. Milton, op. cit., p. 9.

졌다는 점이다. 즉 통치자의 지배권은 통치자 자신에게서 나온 것도 아니고 신神의 은총으로부터 나온 것도 아니고 바로 국민에서 나왔다는 점이다. 지배권이 이처럼 국민에서 나왔다는 점에서 국민주권國民主權의 원리가 의심할 여지 없이 확고한 지반을 얻게 된다. 그러나 Milton에서 이 국민주권의 원리는 종래의 국민주권론에서와 같이 단순한 전제나 가정에 의하여 기초가 마련되는 것이 아니고 '자유로운' 인간의 본질로부터 나오는 필연적 결과였다. 왜냐하면 인간이 자유롭게 되기 위해서는 자기 스스로 자기 자신에 대한 결정을 내리지 않으면 안 되기 때문이다. 결국 Milton의 국민주권은 인간의 자유로운 자기결정권에 근거한다. 이 점은 1649년에 간행된 그의 저서 『우상타파론』 가운데서 명백히 확인된다.

국민은 자유로운 인간으로서 그들 자신이 스스로 결정한 법률에 따라 지배받기 위하여 지배자를 선출하고 임명한 것이다.[21]

그가 앞에서 "모든 인간은 … 그 본성상 자유로운 존재로 태어났으며 … 또한 지배를 위하여 태어난 것이지 복종을 위하여 태어난 것이 아니다"라고 말하였을 때, 그 지배는 자기결정에 의한 법률에 따라 지배받기 때문에 자율적 지배이며 타율적 지배가 아니다. 국민은 자기가 만든 자기의 법률에 복종하는 것이므로 지배와 피지배는 법을 통하여 일치하고 있다. 즉 국민은 지배를 받으면서 지배를 하고 있다.

---

21 J. Milton, *Eikonoklastes*, chap. 13, p. 202; 이에 관해서는 또한 *Defence of the People of England(The first Defence)*, chap. 8, p. 409 참고.

인간이 국가생활에서 법의 명령에 복종하면서도 의연히 '자유롭다'는 것은 법을 통한 이 **자기지배**自己支配**의 원리**를 두고 말하는 것이다. 이 자율적 자기지배의 원리는 후일의 Rousseau에 의한 '**지배와 피지배의 동일성** 원리'에 이어지고 있다.

이 원리는 Milton에서 곧 '**법의 지배**(Rule of Law)'의 원리로 확립된다. 즉 권력을 법에 구속해야 한다는 것이다. 그에 의하면 국가권력은 항시 남용될 위험성이 있으므로 이를 법에 구속해 통제할 필요가 있다고 한다.

국민은 그들에 의하여 선출된 지배자의 권력을 제한하고 한계지우기 위하여 만인에 의하여 마련되고 만인에 의하여 정당한 것으로 승인된 법률을 만든다. 그렇게 하는 까닭은 그들이 한 사람의 인간에 의하여 지배되지 않고 법률과 이성에 의하여 지배되도록 하기 위함이다.[22]

이와 같은 그의 '법의 지배' 사상은 권력을 법에 엄격히 구속하는 법치주의 원리로 되어 오늘에 이르고 있다.

이러한 법률에의 구속에서 벗어나서 지배자의 자의로써 다스리는 자가 '**폭군**(Tyrann)'이다. 그는 폭군을 다음과 같이 정의한다.

폭군은 법률과 공공의 이익을 존중하지 않고 자의恣意에 따라 자기 자신의 이익을 위하여 통치하는 자이다.[23]

---

22 J. Milton, *The Tenure of Kings and Magistrates*, p. 9.

23 J. Milton, op. cit., pp. 18-19. 이에 관해서는 또한 *Defence of the People of England(The first Defence)*, chap. 12, pp. 517-518 참고. Aristoteles의 폭군개념도

폭군의 권력은 무제한적으로 크고 그 정도와 한계를 모른다. 그 결과 그러한 제한 없는 무한정의 권력은 부정의와 탄압, 살인과 고문, 약탈과 억압 등으로 온 나라를 황폐화하고 파괴하여 지옥으로 만들어 버린다. 선군善君은 국민에게 행복과 선을 가져다준다면 폭군은 재앙과 불행을 안겨준다. 선군이 나라의 국부國父라고 한다면 폭군은 나라의 공적公敵이다. 옛날부터 이러한 나라의 공적을 왕위로부터 끌어내려 죽여버리는 것을 정당하고 불가피한 것으로 여기는 것은 결코 놀라울 것이 없다.[24]

여기에서 Milton은 인간의 자유권 외에 또 하나의 보편적인 국민의 권리로서 폭군에 대한 저항권이 존재하지 않으면 안 될 필연성을 들여다본다. 지배자가 폭군으로 변하여 인간의 자유를 억압하고 그의 존엄을 박탈함으로써 "생래적으로 자유롭게 태어난 국민을 영원히 노예로 만들려고 시도할 때, 그의 왕관을 벗겨 버리고 그를 처형하여 죽이는 것을 무엇으로 막을 수 있겠는가? 왜 그러한 폭군을 그 자리에서 끌어내려 처형하지 않고 자유로운 국민의 상위에서 계속 군림하면서 지배하도록 해야 할 것인가?"[25]

Milton은 여기에서 사적 개인에 의한 폭군살해를 생각한 것은 아니고 공적 기관에 의한 처형을 생각하고 있었다. 그 예로 그는 1649년

이와 같다. "폭정은 지배자의 이익만을 위한 일인지배이다." H. Mandt, *Tyrannislehre und Widerstandsrecht ─ Studien zur deutschen politischen Theorie des 19. Jahrhunderts*, S. 31(심재우 역, 『폭정론과 저항권 ─ 19세기 독일 정치이론에 관한 연구』, 45면).

24 J. Milton, *The Tenure of Kings and Magistrates*, pp. 18-19, 24; *Second Defence of the People of England(The second Defence)*, chap. 12, pp. 25 이하.

25 J. Milton, *The Tenure of Kings and Magistrates*, pp. 1-2, 26, 46.

에 국왕 찰스 1세가 시민의 자유와 종교의 자유를 탄압하였을 때 의회에서 사형선고를 받고 처형된 것을 상기시키고 있다.[26]

Ⅲ. Locke의 저항권론

Locke는 그의 저서 『시민정부이론市民政府二論』에서 사회계약에 근거한 저항권론을 논리정연하게 전개했다. 그는 다른 사회계약론자들과는 조금 다르게 국가성립 이전의 자연상태를 불법과 폭력이 지배하는 곳이 아니라 "이성理性의 자연법이 지배하는 완전한 자유와 평등의 상태"로 가정한다. 왜냐하면 "이성은 모든 사람에게 누구도 타인의 생명, 신체, 자유, 재산을 침해해서는 안 된다는 것을 가르쳐 주고 있기" 때문이다.[27] 다시 말하면 이성적 자연법은 모든 사람에게 타인의 자유를 존중할 것을 의무로 부과하고 있다는 것이다.

그러나 이러한 자연법의 요구는 자연상태에서는 실효성을 기대할 수 없다. 왜냐하면 자연상태에서는 이 자연법의 효력을 보장할 공적 권력기구가 아직 마련되어 있지 않기 때문에 자연법을 위반한 자에 대한 제재는 각자의 수중에 맡겨질 수밖에 없다고 한다. 즉 각자는 자연법을 파괴한 자에 대하여 제각기 그를 처벌할 제재권制裁權을 갖는다는 것이다.[28] 이렇게 하나의 조직된 권력기구가 아직 마련되어 있지

---

26 J. Milton, *Defence of the People of England(The first Defence)*, chap. 8, pp. 399 이하, 449-450; chap. 9, pp. 451 이하, 457.

27 J. Locke, *Two Treatises of Government*, II, chap. 2, § 4-6, pp. 287 이하, 특히 p. 289.

28 J. Locke, op. cit., II, chap. 2, § 7-13, pp. 289 이하.

않음으로 인하여 각자가 제재권을 행사할 수밖에 없는 자연상태에서
는 상호 간의 적대행위와 응보행위로 일어나는 '**전쟁상태**(state of
war)'[29]는 한번 일어나면 연쇄적으로 계속되어 결코 그칠 날이 없다
고 한다.

　이러한 전쟁상태에 종지부를 찍고 모든 사람의 자기보존을 확실하
게 만들기 위하여 그들은 사회계약을 통하여 시민사회로 이행移行할
것을 상호 간에 약속하고 자연상태를 떠난다. 이때 체결되는 사회계
약의 형식은 각자의 자기보존권과 제재권의 행사를 포기하고 그것을
사회에 이양하는 데 합의하는 것이고, 그 사회계약의 목적은 각자의
생명, 신체, 재산, 자유에 대한 보다 확실하고 안전한 보장이다.

　이렇게 해서 자연상태에서 인간이 가지고 있었던 **자기보존권**과 **제
재권**은 정부의 수중으로 넘어가게 되는데, 전자에 해당하는 것이 국
가의 입법권立法權이고 후자에 해당하는 것이 집행권執行權이라고 한
다. 그러나 인간의 자기보존권과 제재권은 그것이 각각 국가의 입법
권과 집행권으로 전환된 후에도 그 본질적 내용에는 아무런 변화도
있을 수 없기 때문에 국가권력은 그 계약목적과 다른 목적을 가질 수
없다. 이 점을 Locke는 다음과 같이 말하고 있다.

　모든 정치적 권력은 자연상태에서 각자가 가지고 있었던 자연권이며 그것
은 그들을 보호해 준다는 조건하에 사회로 이양되었던 것이다. 따라서 그 권력
은 인간이 그들의 소유를 보호하기 위하여 자연으로부터 부여받은 바 있는 그

---

29 Locke에서 자연상태(Naturzustand)와 전쟁상태(Kriegszustand)의 구별에 관해서
　는 J. Locke, op. cit., II, chap. 3, § 19-20, pp. 298-299 참고.

적절한 수단들을 사용한다는 데 있다 … 이 권력의 목적과 척도는, 그것이 자연상태에서 각자의 수중에 주어져 있었을 때 만인의 자기보존이었으므로, 그것이 정부의 수중으로 옮겨졌을 때도 그 사회구성원의 생명, 자유, 재산을 보호·유지하는 것 이외의 다른 목적과 다른 척도를 가질 수 없는 것이다.[30]

　Milton이나 Hobbes와 같이 Locke의 사회계약에서도 국가권력의 내용과 한계는 자연권의 목적과 척도에 따라 자기보존권으로부터 규정된다. 다시 말하면, 지금 정부의 수중에 있는 모든 국가권력은 이 자기보존의 목적에 의하여 정당화될 뿐만 아니라 이 자기보존의 척도에 의하여 또한 제한되지 않으면 안 된다. 만일 국가권력이 이러한 내용상의 목적과 한계를 무시하고 그 보호목적을 역逆으로 돌리고 그 보호한계를 넘어서 남용될 때는, 그 권력은 이미 정당한 권위를 가질 수 없고 단순한 폭력에 지나지 않게 된다. 왜냐하면 인간이 사회계약을 통하여 국가를 창출한 그 이유 자체가 탈락되기 때문이다.
　정부가 이처럼 계약목적에 반하여 국민을 보호하는 대신 국민의 자유를 탄압하여 노예화하고 그들의 생명, 신체, 재산을 침해할 때는, 그의 지배권의 요구는 국민에 의하여 거절되며 국민은 그들의 복종의무에서 벗어나 정당하게 저항하는 것이 허용된다. 이로 인하여 정부와 국민 사이는 전쟁상태에 놓이게 된다. 이러한 전쟁상태의 발생과 더불어 계약은 무효가 되고 정부는 해체되며 "계약시 정부에 이양한 자기보존의 자연권은 다시 국민의 수중으로 되돌아오고 국민은 그의 자연적 자유를 다시 획득한다."[31] 그리고 저항권으로 전화轉化된 이 자

30　J. Locke, op. cit., II, chap. 15, § 171, pp. 399-400.
31　J. Locke, op. cit., II, chap. 19, § 222, p. 430; § 243, p. 446.

연적 자유, 즉 자기보존의 자연권을 손에 쥐고 국민은 스스로 자기방
어와 자기보호에 나서게 된다. 이로써 확인되는 바는 저항권이란 자
연상태에서의 인간의 자기보존권과 자기방어권에 다름 아니라는 점
이다.

이 저항권은 Locke에 의하면 "**반란**(Rebellion)에 대한 최선의 보호
수단이며 그 반란을 저지하기 위한 가장 적절한 수단"이라고 한다. 왜
냐하면 인간이 시민사회로 들어설 때 폭력을 포기하고 법률을 만들었
는데, 그 법률을 파괴하고 다시 폭력을 등장시킨 것은 정부 측이므로
정부가 전쟁상태를 다시 재발시킨 장본인으로서 **반란자**(re-bellare:
다시 전쟁을 야기하는 자)라는 것이다. 즉 전쟁상태를 다시 재발시킨 책
임은 법방어자인 국민에게 있는 것이 아니라 법파괴자인 정부에 있다
는 것이다.[32] 이렇게 Locke는 사회계약의 논리에 따라 권력을 남용한
정부를 오히려 반란자로 보며 저항을 한 국민은 정당한 권리의 수호
자로 보게 된다.

Locke의 저항권론은 영국의 식민지배에서 벗어나려는 미국의 독
립운동과 해방전쟁의 사상적 원동력이 되었으며 그것이 미친 영향은
참으로 큰 것이었다. 그 당시 미국의 지도자들이 이론적 무기로서 원
용하였던 것은 바로 Locke의 저항사상이었으며, 그것은 독립 후 각
주州의 권리선언 가운데 저항권의 조항으로 실정법으로 명문화했다.

---

32 J. Locke, op. cit., II, chap. 19, § 226-230, pp. 433 이하.

Ⅳ. Rousseau의 저항권론

Rousseau는 그의 『사회계약』 첫머리에서 "인간은 자유롭게 태어났다. 그러나 도처에서 쇠사슬에 묶여 있다"라고 한다.[33] 바로 이 명제와 더불어 그는 자신의 국가론과 저항권론을 사회계약과 관련해 전개해 나간다. 그의 설명에 따르면 자연상태에 있는 인간은 자연으로부터 자기보존을 위하여 부여받은 자연적 자유를 가지고 있다고 한다. 그러나 이러한 자연적 자유는 체력이나 정신력의 불평등성 때문에 약자에게는 자기보존의 수단으로서 무용할 뿐만 아니라 각자의 자연적 자유의 충돌로 말미암아 전쟁상태는 그칠 날이 없다. 따라서 약육강식의 밀림의 법칙이 지배하는 이러한 자연상태는 지속할 수 없으며 인간이 그들의 생활양식을 바꾸지 아니하는 한 인종은 멸망하고 말 것이라고 한다.[34]

그러면 어떻게 인간은 그들의 생활양식을 바꿀 수 있을 것인가? Rousseau에 의하면 그것은 사회계약을 통하여 국가를 창설하고 법질서를 확립하는 길밖에 없다. 사회계약은 사회구성원 전원이 그들의 자연적 자유를 완전히 포기하고 그것을 국가에게로 이양함으로써 성립한다. 이렇게 사회구성원 전체가 그들의 자연적 자유를 완전히 포기함으로써 비로소 만인은 평등한 상태에 놓이게 된다. 왜냐하면 자연상태에서 각자가 가지고 있었던 자연적 자유는 불평등한 것이었기 때문이다. 이 점을 Rousseau는 다음과 같이 말한다.

---

33 J. J. Rousseau, *Der Gesellschaftsvertrag(Du Contrat Social)*, I, 1, S. 30.
34 J. J. Rousseau, a. a. O., I, 6, S. 42.

기본계약은 자연에 의하여 인간 사이에 야기해 놓은 사실상의 불평등 대신에 도덕적·법적 평등을 마련하여 주고, 그 결과 비록 그들이 신체적·정신적 능력에 있어 불평등하다 할지라도 합의와 권리에 의하여 만인이 평등하게 되는 것이다.[35]

이처럼 사회계약은 권리불평등의 자연상태를 권리평등의 법적 상태로 바꾸어 놓는다. 따라서 사회계약을 체결하면서 각자의 자연적 자유를 포기 또는 양도하는 것은 아무것도 손해 볼 것이 없으며 그것은 오히려 유리한 교환이라고 한다.

사회계약으로 인해 인간이 입은 손해는 그의 자연적 자유를 포기하였다는 데 있다. 그러나 그 대신 얻는 이익은 시민적 자유를 획득하였다는 데 있다. 어느 쪽이 이익이 되는지를 똑바로 알기 위하여 우리는 개인의 힘에만 의존하는 자연적 자유와 일반의지에 의하여 제한된 시민적 자유를 정확히 구별하지 않으면 안 된다.[36]

이러한 구별을 받아들인다면 사회계약에서 개인이 정말로 권리를 포기하였다고 주장하는 것은 잘못된 것이다. 오히려 그 계약의 결과 그들의 상태는 이전보다 훨씬 나아졌다는 것이 밝혀진다. 따라서 그들은 양도를 통해 유리한 교환을 한 셈이다. 즉 불안전하고 불확실한 생활양식을 더 나은, 더 안전한 생활양식으로 바꾸고, 타인을 굴복시킬 힘을 사회적 결합을 통해 단단한 권리로

---

35 J. J. Rousseau, a. a. O., I, 9, S. 53.
36 J. J. Rousseau, a. a. O., I, 8, S. 49.

바꾼 것이다.[37]

이상의 설명으로 알 수 있듯이, 사회계약은 힘이 지배하는 사실상
태를 법이 지배하는 권리상태로 바꾸어 놓는 정당화 작업 이외의 아
무것도 아니다. 그래서 Rousseau도 사회계약은 "권리의 기초를 마련
하는 데 있으며, 그 권리는 자연으로부터 오는 것이 아니라 약속으로
부터 온다"라고 말한다.[38]

자연상태에서 인간은 자기보존의 권리로서 자연적 자유권을 가지
고 있지만, 그것은 강자의 권리일 따름이고 약자에게는 무의미하다.
그것은 힘 있는 자가 일방적으로 가질 수 있는 사실상의 권리이지 강
자와 약자가 함께 가질 수 있는 평등한 법적 권리는 아니다. 법적 권리

---

37 J. J. Rousseau, a. a. O., II, 4, S. 64; Jellinek와 Heyland는 Rousseau의 사회계약을 왜
  곡되게 해석하고 있다. 그들에 의하면 Rousseau의 사회계약은 자연상태에서 개
  인이 가지고 있었던 자기보존의 자연권을 완전히 포기하고 그것을 조건 없이
  사회에 이양하였기 때문에 지금은 법률의 형식으로 표현된 일반의지의 무제한
  적 절대권력에 의하여 침해받지 않을 수 있는 개인의 자유와 권리의 영역은 하
  나도 남겨져 있지 않다고 한다(G. Jellinek, *Die Erklärung der Menschen- und
  Burgerrechte*, S. 6 이하; C. Heyland, *Das Widerstandsrecht des Volkes gegen
  verfassungswidrige Ausübung der Staatsgewalt im neuen deutschen Verfassungsrecht*,
  S. 62). 이러한 왜곡된 해석과는 달리, Rousseau가 말하는 사회계약의 본래 의도
  는 인간을 그와 같은 자유 없는 국가 노예로 만드는 것에 있었던 것은 아니며 오
  히려 그 정반대이다. Rousseau의 사회계약에서 개인은 그들의 자연권을 완전히
  포기하고 무조건 이양하였던 것이 아니며 자기보존의 조건하에 유보적으로 이
  양하였던 것이며, 또한 그들의 자연적 자유를 일방적으로 포기한 것이 아니라 시
  민적 자유와 유리한 교환을 하였던 것이다. 그리고 사회계약으로 탄생한 일반의
  지는 개인의 자유를 평등하게 보장하기 위한 질서원칙이지 그것은 결코 국가의
  무제한적 절대권력에 의한 자유의 침해를 정당화하기 위하여 존재하는 것은 아
  니다.
38 J. J. Rousseau, a. a. O., I, 1, S. 30.

는 쌍방적이며, 상대적이며, 제한적이다. 그리고 이러한 제한된 권리
가 객관화되면 공존조건으로서의 법이 성립한다. Rousseau가 사회
계약으로 확립된 시민상태의 법질서를 권리평등에 두고 있음은 공존
조건으로서의 법의 본질상 당연한 논리적 귀결이다. 그래서 "사회계
약은 만인이 동등한 조건에 대하여 의무를 지고 만인이 동등한 권리
를 향유하는 평등을 시민사회에 확립하는 데 있다"라고 말하며,[39] 또
한 "모든 입법체계의 목적이 되어야 할 만인의 최대의 행복이 어디에
있는지를 살펴보면 우리는 그것이 두 가지 중요한 대상, 즉 자유와 평
등에 귀착됨을 알 수 있을 것이다"라고 말한다.[40] 이러한 '평등한 자
유의 원칙'을 **'일반의지**(volonté générale)'라고 부른다. 이 일반의지는
Rousseau의 법철학과 국가철학의 핵심적 개념이다. 그는 일반의지
의 표현을 '법'이라 하며, 일반의지의 화체를 '국가'라 하며, 일반의지
의 작용을 '국가권력'이라 한다. 그리고 일반의지 자체를 '주권'이라
부르고 있다. 여기서 일반의지라고 하는 것은 사람의 의사작용으로서
의 의지나 어떤 지배자의 카리스마적 의지 등을 말하는 것이 아니라
평등한 자유의 원칙에 입각한 법질서의 존재구조를 말하는 것이다.
그것은 Kant의 '자유의 일반법칙(allgemeines Gesetz der Freiheit)'과
그 질서구조에 비추어 볼 때 똑같다. 즉 모든 사람이 평등하게 자유로
울 수 있는 질서원칙을 말하는 것이다. 따라서 사회계약을 통해 탄생
한 이 일반의지는 인간의 의지가 아니라 객관적인 법의지, 즉 법적 이
性法的理性으로서의 '자연법'을 의미한다. 이 '이성적 자연법'[41]에 의해

---

39 J. J. Rousseau, a. a. O., II, 4, S, 63.
40 J. J. Rousseau, a. a. O., II, 11, S. 87.
41 이성적 자연법에 관해서는 심재우, 「법치주의와 계몽적 자연법」, 17면 이하[= 심

서만 사회계약에 의한 공존조건으로서의 법질서의 확립이 가능하며, 각자는 그 법질서하에서 비로소 자기보존이 가능하게 된다.

인간은 사회계약을 통하여 '**시민적 자유**(bürgerliche Freiheit)'뿐만 아니라 동시에 '**도덕적 자유**(sittliche Freiheit)'까지 얻는다. Rousseau 에서 시민적 자유는 인간의 **자기보존조건**에 관계되어 있으나, 도덕적 자유는 인간의 **자기발전조건**으로서 계몽에 관계되어 있다. 계몽주의 철학자 Rousseau는 다음과 같이 말한다.

이 시민상태에서는 인간의 능력은 발현될 수 있고, 그의 이념은 신장할 수 있고, 그의 감정은 순화될 수 있고, 그의 전 영혼은 높이 승화될 수 있을 것이다. 그리고 인간이 이러한 새로운 상태를 남용함으로 인하여 그가 탈출한 자연 상태로 자신을 다시 밀어 넣지 않는 한 그를 자연상태로부터 영원히 탈출시켰던, 그리고 아직 도덕화되지 않은 하나의 제한된 동물을 이성적 존재인 인간으로 만들었던 저 행복한 순간을 축복하지 않을 수 없을 것이다.[42]

이렇게 Rousseau에서 도덕적 자유는 인간존재가 "아직 도덕화되지 않는 하나의 제한된 동물로부터 이성적 존재인 인간이 되게 만드는"**계몽적 자유**啓蒙的 自由'를 의미하고 있다. 이 자유를 사용하여 인간은 자기 자신을 동물적 존재로부터 하나의 인격적 존재인 이성적 존재로 만들어나가는 것이다. 그래서 Rousseau는 이러한 자유는 "인간을 비로소 진정한 자기 자신의 주인으로 만드는 것이다. 왜냐

재우, 『열정으로서의 법철학』, 2020, 328면 이하] 참고.
42 J. J. Rousseau, a. a. O., I, 8, S, 49.

하면 단순한 욕구의 충동은 본능의 노예를 의미하는 것이지만 자기
자신이 정립한 법칙에 복종하는 것은 자유를 의미하기 때문이다"[43]
라고 말한다.

이처럼 Rousseau의 사회계약은 단순히 동물적 존재로서의 인간의
'**생존**'을 가능케 한다는 데서 그 의의를 다하는 것이 아니라, 더 높은
차원에서 도덕적 존재로서의 인간의 '**실존**'을 가능케 한다는 데서 더
욱 큰 의의를 가지는 것이다. 그에 있어서 사회계약의 궁극적 목적은
인간의 자기발전조건인 계몽에 있었기 때문이다. 그래서 그는 다음과
같이 말한다.

자연상태로부터 시민상태로의 이행은 인간에게 아주 괄목할 만한 변화를
가져다준다. 즉 인간의 행위는 본능 대신에 정의에 따르게 되고 그것에 종래
까지 결缺하여 있었던 도덕적 의미가 부여된다. 이에 비로소 의무의 소리는
본능적 충동과 탐욕의 권리를 추방하고 지금까지 오로지 자기 자신만을 위하
여 행동했던 인간은 다른 원칙에 따라 행동하지 않을 수 없음을 알게 된다. 즉
인간은 자기의 본능적 성향에 따르기에 앞서서 그의 이성에 조언을 구하게
된 것이다.[44]

자연상태에서 인간은 '아직 도덕화되지 않은 제한된 동물'로서 동
물적 법칙에 따라 살 수밖에 없었지만, 사회계약을 통하여 시민상태
에 들어와서는 인간은 하나의 도덕적 존재로서 이성의 법칙에 따라

---

43 J. J. Rousseau, a. a. O., I, 8, S. 49.

44 J. J. Rousseau, a. a. O., I, 8, S. 48.

살 수 있게 된 것이다. 결국 Rousseau가 말하는 사회계약을 통해 인간은 자기보존조건과 자기발전조건을 동시에 얻은 셈이다. 전자는 시민적 자유의 획득에 의하여, 후자는 도덕적 자유의 획득에 의하여 인간이 인간답게 살 수 있는 조건의 기초가 마련된 것이다.

그러나 이 인간답게 살 수 있는 조건의 기초는 국가권력의 남용으로 인해 항상 위협받게 된다. 이에 대처하는 인간의 권리가 저항권으로 나타나게 되는데, 그 정당화 근거를 찾기 위해서는 우선 Rousseau의 국가개념과 국가권력의 개념을 정확하게 이해할 필요가 있다.

Rousseau의 국가개념은 **이념적 통일체**理念的 統一體로서의 국가이다. Rousseau는 "국가를 형성하는 도덕적 인격은 인간이 아니기 때문에 하나의 이념으로서만 파악될 수 있다"라고 한다.[45] Rousseau의 국가는 Kant의 그것과 마찬가지로 하나의 이념으로서의 국가이다. Rousseau에 있어서 그 이념은 일반의지이다. 따라서 그는 국가를 '일반의지의 화체'라 하며, 국가권력은 '일반의지의 작용'이라 한다. 일반의지의 화체로서의 국가는 도덕적 인격체로서 그 자체 선善이며 따라서 악惡을 행할 수 없다. 따라서 "일반의지는 항상 정당하며 절대로 오류를 범할 수 없다. 그것은 단순히 존재한다는 사실에 의하여 곧 있어야 할 당위가 된다"라고 한다.[46] 국가가 악을 행하는 것은 국가의 도덕성의 요청에 정면으로 반하는 것이며 자기모순이다.

다음으로 Rousseau에서 국가권력은 일반의지의 행위작용이다. 국가가 일반의지의 화체로서의 도덕적 인격체라면 국가권력은 그 인

---

45 J. J. Rousseau, a. a. O., I, 7, S. 47.
46 J. J. Rousseau, a. a. O., 1, 7, S. 47.

격체의 생명을 유지·보존하기 위한 작용이다.[47] 이를 위하여 국가는 보편적인 강제력을 필요로 하며, 그것은 마치 인간에게 그의 수족을 지배할 힘이 주어지는 것과 같이 국가에 대해서도 그의 구성원을 지배하기 위하여 주어진다. 그리고 그 힘은 일반의지에 의하여 지도되며 그 한계 내에서 국가권력으로 정당화된다. 일반의지는 사회계약의 합의 내용, 즉 만인이 평등하게 자유로울 수 있는 질서원칙을 뜻하므로 국가권력의 행위도 이러한 질서를 형성하고 보장하기 위한 목적을 위하여서만 작용될 수 있다. 그 밖의 다른 목적을 위하여 국가권력은 남용될 수 없다. 그래서 Rousseau는 다음과 같이 말한다.

> 그 주권적 권력은 그것이 아무리 무제한하고 신성하고 불가침이라 할지라도 결코 일반적 합의의 한계를 벗어나서는 안 되고 또한 벗어날 수도 없다.[48]

국가권력의 본질적 내용과 한계는 이것으로써 명백히 밝혀진다. 그것은 오로지 사회계약의 일반적 합의 내용으로 되어있는 평등한 자유를 실현할 목적을 위해서만 사용될 수 있다. 따라서 국가권력의 행사는 강제로 나타나지만, 그것은 강제를 위한 강제가 아니라 평등한 자유를 위한 강제이다. 왜냐하면 일반의지에 반하는 행위를 하는 자는 자유의 왕국을 벗어나는 것이므로 그것은 강제를 통해 다시 자유의 왕국 안으로 밀어 넣어야 하기 때문이다. '**자유로의 강제**(Zwang zur Freiheit)'가 바로 그것이다. 이 점을 Rousseau는 다음과 같이 말한다.

---

47 J. J. Rousseau, a. a. O., II, 4, S. 60.
48 J. J. Rousseau, a. a. O., II, 4, S. 64.

사회계약이 공약空約으로 변하지 않기 위하여는 다음과 같은 의무를 묵시적으로 내포한다. 즉 그 의무는 일반의지에 복종을 거부하는 자는 국가에 의하여 그곳으로 강제된다는 점에 있다. 이것은 바로 인간을 자유로 강제한다는 것을 뜻한다.**49**

이처럼 Rousseau에서 국가권력은 그 본질상 선善을 위하여서만 작용할 수 있는 것이며 결코 악惡을 위하여 남용될 수 없다.

원칙이 그러함에도 불구하고 국가권력은 현실적으로 남용된다. 그러나 Rousseau에서는 이 경우에도 국가가 그의 권력을 남용하는 것이 아니라 정부가 국가의 권력을 남용하는 것이다. 그에게 있어서 국가와 정부는 동일개념이 아니다. 국가는 일반의지의 이념적 통일체로서 주권자이지만 정부는 그 주권자의 주권적 권력을 위임받아서 집행하는 통치자에 지나지 않는다. 즉 정부는 국가의 도구로서 주권자의 의지의 표현인 법률을 집행하는 관리집단으로서 주권자에 의하여 위임된 권력을 주권자의 이름 아래 행사하는 수임자에 지나지 않는다. 그러므로 정부가 국민에게 내리는 명령은 주권자의 의지를 위임받아서 내리는 것이며 결코 자기 자신의 의지에 기초한 것이 아니다. 정부는 계약을 통해 생긴 것이 아니기 때문에 자신의 의지를 가질 수 없고 다만 주권자인 국가의 의지를 집행할 따름이다. 이러한 집행자에 지나지 아니하는 정부가 주권자의 의지를 자기 것으로 만들어 멋대로 사용하는 경우가 국가권력의 남용이다.

Rousseau에 의하면 정부에 의한 국가권력의 남용에는 두 가지 형태

---

49 J. J. Rousseau, a. a. O., I, 7, S. 48.

가 있다. 하나는 '폭정(Tyrannei)'이고 다른 하나는 '찬탈(Usurpation)'
이다. 전자의 경우는 통치자가 법률에 따라 통치하지 않고 자기의 자의
에 따라 다스리는 경우이고, 후자의 경우는 법률에 따라 통치권을 획득
하지 않고 비합법적으로 왕권을 손에 넣는 경우이다.[50] Rousseau에
서는 그 어느 경우를 막론하고 이때 사회계약은 무효로 되고 국가는
해체된다. 국가가 해체되면 자연상태가 되돌아오고 각자는 그들의 자
연권을 다시 획득하며 그것은 저항권으로 변한다. 이러한 결론은 사
회계약의 논리로부터 나오는 필연적 결과이다. 왜냐하면 국가권력에
의한 보호를 받지 못하는 자는 저항권에 의한 자기보호를 시도하는
수밖에 다른 방법이 없기 때문이다.

국가권력의 남용은 사회계약을 무효화하고 국가의 해체를 가져오
는 대변혁을 초래한다. 이 변혁은 인간이 자연상태에 되돌아가 원점에
놓인다는 것을 뜻한다. 이 점을 Rousseau는 다음과 같이 서술한다.

통치자가 이미 법률에 따라 다스리지 않고 주권을 남용하는 경우에는 현저
한 변화가 일어난다. 즉 정부가 우그러드는 것이 아니라 국가가 결단난다. 이
것이 의미하는 바는, 거대한 국가가 해체되고 정부의 구성원들로만 형성되는
하나의 새로운 국가가 생겨나고, 그리고 그 국가는 나머지 국민에 대해서 주
인 노릇을 하는 폭군으로 들어앉는다는 점이다. 정부가 이처럼 주권을 남용하
면 사회계약은 파기되고 모든 시민은 당연히 그들의 자연적 자유를 다시 획득
한다. … 이와 같은 것은 정부의 구성원들이 공적公的으로만 행사하여야 할 것
을 사적私的으로 남용하는 경우에도 일어난다. 이것도 법률위반이며 더 큰 혼

---

50 J. J. Rousseau, a. a. O., III, 10, S. 130 이하.

란을 야기한다. 이때는 말하자면 관리만큼 많은 수의 통치자가 생겨나게 되므로 국가는 정부와 마찬가지로 분할되어 멸망하든지 그 형태를 바꾸든지 한다. 정부에 의한 국가권력의 남용은 그것이 어떠한 형태이든 간에 국가의 해체를 가져오며, 이 경우를 일반적으로 자연상태라고 부른다.[51]

이상의 서술로써 알 수 있듯이 국가권력의 남용은 자연상태를 다시 만들어 놓는다. 그런데 여기서 간과해서는 안 될 것은 이 경우의 자연상태는 사회계약 이전의 원래의 자연상태보다 더 나쁜 상태라는 점이다. 국가성립 이전의 자연상태에서는 만인의 만인에 대한 투쟁만 하면 되었지만 지금 다시 나타난 자연상태에서는 정부까지 그 대상으로 추가되어 있기 때문이다. 저항권은 이처럼 2중으로 어려움이 가중된 자연상태를 극복하지 않으면 안 된다.

V. Fichte의 저항권론

Fichte는 그의 저서 『프랑스 혁명에 대한 대중의 판단의 정당성에 관한 기고』에서 계몽적 자연법사상에 근거해 저항권을 정당화한다. 그에 의하면 전 국민의 노예화를 종국목적으로 하는 모든 헌법은 마땅히 폐지되어야 할 뿐만 아니라 실제로 반드시 폐지되지 않으면 안 된다. 왜냐하면 그러한 헌법은 인간의 종국목적을 거꾸로 뒤집기 때문이다. 모든 헌법의 종국목적은 국민의 계몽을 위하여 자유의 실현

---

51 J. J. Rousseau, a. a. O., III, 10, S. 130.

을 가능하게 만드는 데 있다. 계몽의 기획은 자유의 실현에 있고 자유
의 사용 여부에 달려 있다. 그러나 누구도 자신의 계몽을 타인이 대신
해 줄 수는 없기 때문에 각자는 자유를 통하여 스스로 자신을 계몽해
야 할 책임이 있다고 한다.[52]

이 점에서 Fichte의 계몽개념은 Kant의 그것과 같다. Kant는 "계
몽이란 인간이 그의 정신적 미성숙상태에서 벗어나는 것이며 그 계몽
의 책임은 인간 자신에게 있다"라고 말하며, "만일 인간에게서 자유
를 박탈하지 않고 남겨둔다면 계몽은 가능할 뿐만 아니라 거의 확실
하다"라고 말하기 때문이다.[53] 이렇게 자유와 계몽의 관계는 불가분
의 관계에 놓여 있으며 자유의 행사 없이 계몽은 불가능하다.

Fichte에 의하면 "헌법은 자유로운 인간존재가 그의 **계몽이라는 종
국목적**을 향하여 자율적인 자기활동을 할 수 있게 하는 하나의 조건이
다. 다시 말하면, 헌법은 인간이 그의 종국목적으로 향하여 점진적으
로 접근하는 것을 가능케 하는 정치적 장치이며, 또한 동시에 인간이
제 발로 서서 제 눈으로 보는 것을 가능케 하는 제도적 장치이기도 하
다."[54] 따라서 헌법의 종국목적과 인간의 종국목적은 서로 모순되어
서는 안 되고, 또한 그 헌법은 인간이 그의 종국목적에 도달하는 것을
저지하거나, 방해해서는 안 된다.

그러나 인간의 존엄을 박탈하고 인간을 영원히 그의 동물성 가운데
가두어 두고자 하는 전제주의 헌법은 인간의 종국목적을 거꾸로 뒤집

---

52 J. G. Fichte, *Beitrag zur Berechtigung der Urteile des Publikums über die Französische Revolution*, S. 54.

53 I. Kant, *Beantwortung der Frage: Was ist Aufklärung?*, S. 54, 59.

54 J. G. Fichte, a. a. O., S. 65-67.

는 것이나 다름없다. 이러한 독재주의 헌법은 '인류의 이름으로' 폐지
해야 한다. 인류가 이 계몽의 목적을 방해하고 불가능하게 하는 독재
주의 헌법을 폐지하지 않는 것은 자기 자신이 인간일 것을 포기하는
것이나 다름없다. 저항권은 여기에서는 이러한 비인간적 헌법을 법으
로써 개정하는 것이 불가능할 때 그것을 힘으로써 폐지해 버리는 최
후의 수단인 셈이다.[55]

　인간은 사회계약이라 부르는 하나의 특수한 **시민계약**(Bürger-
vertrag)'을 만인과 만인 사이에서 체결한다. 인간이 이 계약의 효력범
위 안에 남아 있는 한 그는 '시민'이다. 그러나 나를 포함한 모든 인간
은 이 계약을 시민의 이름으로 체결한 것이 아니라 인간의 이름으로
체결하였던 것이며, 인간과 인간이 계약을 통하여 결합체를 형성하였
을 때 비로소 하나의 도덕적 인격체로서의 국가가 탄생한다. 이렇게
해서 성립된 국가가 나의 인간으로서의 권리를 타인으로부터 보호해
주면 나는 시민으로서 아직 계약의 효력범위 안에 남아 있지만, 국가
가 타인으로부터 나를 지켜 주지 못하거나 국가 자신이 직접 나에 대
하여 폭력을 사용함으로써 나와 적대관계에 놓일 때는 나는 자신을
방어할 권리를 가진다. 그러나 지금 자기방어를 하는 나는 이미 '시민'
이 아니다. 왜냐하면 나는 지금 국가로부터 탈퇴하여 다시 자연상태
에 와 있기 때문이다.[56]

　이렇게 모든 개인은 국가가 그들에게 부여해 준 것도 아니고 또 부
여해 줄 수도 없는 그들의 자연적 인권의 힘을 빌려 국가로부터 완전

55　J. G. Fichte, a. a. O., S. 68, 126, 136.
56　J. G. Fichte. a. a. O., s, 96, 99-100, 139.

히 탈퇴할 수 있는 권리를 가지고 있다. 이때 모든 개인은 그들을 버렸던 국가에 대하여 오직 자연권적 관계하에 놓여 있을 따름이다. 여기서 자연권적 관계는 자연상태에서의 적대관계를 말하는 것이다.[57]

이처럼 국가로부터 탈퇴하여 다시 자연상태에 놓인 모든 사람은, 사회계약을 통하여 다시 결합체를 형성하여 하나의 새로운 국가를 탄생시키지 않으면 안 된다.

Fichte에 의하면 혁명이란 예전의 사회계약을 파기하고 새로운 사회계약을 체결하는 것을 의미하며 절차상 다 같이 합법적이라고 한다.[58] 결국 Fichte에 의한 혁명(정확하게는 혁명적 저항권)의 합법성은 사회계약과 계몽적 자연법을 통해 근거가 마련되고 정당화된다.

Fichte와 같은 계몽주의 사상을 가지고 혁명적 저항권의 정당화 근거를 추구한 사람은 그의 제자 Erhard이다. 그는 자신의 저서 『국민의 혁명권에 관하여』에서 혁명권을 **국민의 계몽권**으로 정당화한다.

그에 의하면, 국민의 혁명권이라는 이름에서 생각될 수 있는 것은 국민이 자신의 계몽을 위하여 폭력으로 통치자와 자신 사이의 법적 관계를 단절시키는 것을 의미한다.[59] 일반적으로 혁명이란 것은 그것에 의해 인권의 효력이 보장될 수 있을 때만 도덕적으로 승인된다. 국민에게 주어져 있는 인권은 바로 자신을 인간존재로 계몽시키는 권리이다. 따라서 어느 누가 자신을 인간으로 계몽시키는 것을 방해할 때는 정당하게 저항할 수 있고, 이러한 방해가 헌법으로부터 연유한다면 그 헌법 자체를 폐지할 수 있다. 국가에 의하여 국민의 계몽이 저지

---

57 J. G. Fichte, a. a. O., S. 112.
58 J. G. Fichte, a. a. O., S. 113, 119.
59 J. B. Erhard, *Über das Recht des Volkes zu einer Revolution*, S. 91.

될 때 국민은 언제나 혁명에 호소할 준비가 되어있다. 따라서 국민은 자신의 정신적 미성숙상태에 대하여 책임이 있다고 한다면 정부는 모든 혁명에 대하여 책임이 있다고 말할 수 있다. 왜냐하면 정부가 국민의 계몽을 방해하고 그들의 인권을 존중하지 않았기 때문이다.[60]

계몽된 국민은 국가로부터 인간의 존엄에 상응한 취급을 받을 것을 바란다. 그렇지 않고 만일 국가가 국민을 짐승과 같은 우매성 가운데 가두어 두려고 시도한다면 국민은 혁명으로 나아갈 권리를 갖게 된다.[61]

VI. 저항권의 정당화 근거에 대한 결론

이상으로 우리는 사회계약에 입각한 저항권론들을 살펴보았다. 여기서 우리가 얻은 결론은 국가권력과 저항권은 그 본질에 있어서 같다는 점이다. 이것은 저항권을 법철학적으로 구명究明하고자 시도하는 자에게는 시사하여 주는 바가 크다. 왜냐하면 국가권력과 저항권은 표면상으로는 서로 적대관계에 놓여 있는 대립적 권리로 보이기 때문이다.

사회계약론에 의하면 저항권은 자연상태에서 인간이 갖는 자기보호권으로 파악되어 있다. 다른 한편 국가권력은 시민상태에서 국가가 갖는 인간보호권으로 파악된다. 양자 모두 **인간보호권**人間保護權이라는

---

60 J. B. Erhard, a. a. O., S. 94.
61 J. B. Erhard, a. a. O., S. 92f.

점에서 그 기능이 같다.

그러나 양 권리의 시원을 따져보면 저항권이 국가권력에 앞서 있다. 왜냐하면 국가권력은 사회계약을 체결할 때 인간이 자연상태에서 이미 자기보호권으로 가지고 있었던 저항권을 국가에 비로소 이양한 것이기 때문이다. 그러나 그 국가권력은 시민상태가 존속하는 한 결코 다시 인간에게 되돌아오지 않는다. 그 국가권력 없이는 시민상태에서 인간을 보호할 권리는 어디에서도 찾아볼 수 없기 때문이다. 그러나 그 국가권력은 인간을 보호할 수 있는 한에서만 존속한다. 국가권력이 이미 인간을 보호할 수 없는 경우 또는 보호하기를 바라지 않는 경우 그 국가권력은 원래의 소유주에게 되돌아가야 한다. 왜냐하면 그것 없이는 인간은 자신을 보호할 권리를 어디에서도 찾을 수 없기 때문이다. 이렇게 되돌아간 국가권력은 자연상태에서 인간이 갖는 자기보호권으로서의 저항권이다. 그러나 인간은 이 저항권을 가지고 직접적으로 자기보호를 할 수는 없고, 다만 간접적으로 자기를 보호할 수 있는 보호권을 창출하고 그 보호권의 그늘 밑에서 보호받을 수밖에 없다. 이 새롭게 창출된 보호권은 국가권력이다. 이렇게 이해된 저항권과 국가권력은 모두 인간보호권임을 알 수 있다. 다만 그것이 위치하는 곳이 다를 뿐이다. 즉 저항권은 자연상태에서의 보호권이고 국가권력은 시민상태에서의 보호권이다. 국가권력과 저항권은 그 자체로서는 폭력이다. 폭력 그 자체는 법적으로 정당화되지 않는다. 국가권력이 법적으로 정당화되는 것은 인간을 보호하는 기능 때문이다. 그러나 저항권도 마찬가지로 인간을 보호하는 기능을 하는 것이므로 법적으로 당연히 정당화되어야 한다. 다시 말하면, 저항권도 국가권력과 마찬가지로 **법적으로 정당화된 폭력**이다.

인간은 자연상태의 폭력을 극복하기 위하여 국가권력이라는 것을 창출했으나, 이번에는 그 국가권력의 폭력을 극복하기 위하여 저항권을 원용하지 않을 수 없게 되었다. 오늘날 우리 지구상의 많은 국가가 아직 저항상황에 놓여 있음을 고려할 때 저항권의 잠재적 지배영역은 아직도 크다. 그러나 인간의 자유에 대한 의식 없이는 저항권은 결코 실현되지 않는다. 국민의 자유의식自由意識이 아직 싹터 있지 않은 곳에서는 저항권도 아직 깊은 잠에 빠져 있다. 인권의식과 자유의식이 성숙하기까지는 우리 인류는 아직도 오랜 시간이 필요한 것 같다. "우리는 지금 **계몽된** 시대에 살고 있는가? 아니다. 우리는 아직도 **계몽되어가는** 시대에 살고 있다." 200년 전에 Kant가 한 이 말은 오늘날의 우리 시대에도 그대로 타당한 말이다.

인간의 계몽啓蒙은 저항권의 정당화 시도에서 핵심개념이다. 계몽은 저항권의 목적과 수단, 원인과 결과를 동시에 규정하는 양극적 개념이다. 저항의 종국목적은 인간의 계몽을 가능하게 만들기 위한 것이지만 계몽되지 않은 국민에게서는 저항은 결코 일어나지 않는다. 저항의 원인이 계몽의 불가능에 있다면 저항의 결과는 그 계몽을 가능하게 하는 데 있다. 저항권이 인간의 계몽에 대하여 갖는 의의를 우리는 여기에서 다시 한번 확인해야 할 것이다.

제5장
저항권의 한계

Ⅰ. 국가권력의 남용과 저항권의 남용

Kant의 인간존엄 사상이나 사회계약설 등은 저항권의 본질과 그 정당화 근거를 제시해 주고 있으나 그 '한계'에 관하여는 아무런 언급도 없다.

만인의 평등한 법적 자유를 보장하기 위하여 인간의 자연적 자유를 통제하는 국가권력이 있어야 한다는 데 대하여는 아무런 의문도 없다. 그러나 그 국가권력이 남용되어 그 본래의 기능인 인간보호 대신 인간파괴의 역기능을 할 때는 그것은 저항권에 의하여 통제되어야 할 필요가 있다는 것도 명백하다. 이렇게 국가권력이 역기능을 할 때는 저항권의 행사는 분명히 필요하고 유용한 것이지만, 그것이 순기능을 할 때는 저항권의 행사는 불필요할 뿐만 아니라 오히려 유해하다. 왜냐하면 이때의 저항권은 "주권자로부터 우리를 보호해 주는 수단을 박탈하는 결과를 가져오며, 그로 인하여 정부의 고유한 본질을 파괴"[1] 하기 때문이다. 저항권을 무제한 사용하여 공권력을 약화하거나 절멸

---

1 T. Hobbes, *Leviathan*, chap. 21, p. 211.

시키는 것은 또다시 무정부적 자연상태를 초래하게 될 것이다. 이러한 국가 없는 자연상태에서는 강한 사회집단이 약한 사회집단을 억압하고 종속시키고 착취하고 심지어는 말살시켜 버리는 '인종청소' 사태가 벌어질 수 있기 때문이다. 이처럼 인간의 근본상황이 다시 한계상황에 빠지는 것은 국가권력의 남용에 의해서뿐만 아니라 사회집단의 권력남용에 의해서도 일어난다. 따라서 인간을 사회집단에 의한 권력남용으로부터 보호하기 위해서는 이들 집단의 상위에서 그들의 싸움을 통제할 수 있는 강력한 국가권력이 건재하고 있을 것이 필요하다. 바로 여기에 국가권력에 대한 무분별한 저항권의 행사는 허용될 수 없다는 논리적 한계가 발견되는 것이다.

그러나 역사적으로 볼 때 인류는 국가권력의 남용만큼 저항권의 남용도 경험하였다. 따라서 18세기 말에 Schlözer가 한 말은 근거가 없지 않다. "저항권에 관한 문제로부터 필연적으로 국가권력을 강화하기 위한 헌법의 문제가 대두되지 않을 수 없었다."[2] Hobbes가 절대군주정의 강력한 'Leviathan'을 탄생시킨 것도 바로 그 당시의 영국의 끊이지 않는 내란상태와 종교전쟁을 종식하기 위한 역사적 처방이었다. 그러나 이것은 한쪽의 역사적 진실만을 말하여 주고 있을 뿐 거꾸로 다른 한쪽의 역사적 진실, 즉 "국가권력의 남용에 관한 문제로부터 필연적으로 저항권을 강화하기 위한 헌법의 문제가 대두되지 않을 수 없었다"라는 점을 간과하고 있다. 아마도 이 점에 관한 역사적 처방은 절대군주정을 저항권으로써 타도한 후 1789년의 프랑스 헌법의 인권선언 제2조에 '압제에 대한 저항권'을 규정한 점에서 찾아볼 수

---

2 A. L. Schlözer, *Allgemeines Staatsrecht und Staatsverfassungslehre*, S. 83.

있을 것이다.

공평한 눈으로 바라볼 때, 우리는 이 양 권력, 즉 국가권력과 저항권력이 서로가 그 남용을 견제하는 대응권력으로서 공존하여야 할 필연성을 인정하지 않을 수 없다. 오늘날까지 우리의 국가 체제에서 이 양 권력의 상위에서 이 양 권력의 남용을 통제할 수 있는 더 강하고 더 높은 권력은 존재하지 않기 때문이다. 그러므로 이 양 권력의 상호견제를 통하여, 국가권력의 남용은 정당한 저항권에 의하여 통제되고 저항권의 남용은 정당한 국가권력에 의하여 통제될 수밖에 없다. 우리는 이 저항권의 한계를 유일하게 Hobbes의 국가론과 저항권론에서 발견한다.

Ⅱ. Hobbes의 저항권론

Hobbes에 의하면 사회계약 이전의 자연상태에서는 모든 사람은 자기보존을 위하여 저항권을 갖는다. 이 상태에서 인간은 그의 이기적 욕망을 추구하는 본성으로 말미암아 육체적으로나 정신적으로 강한 자는 약한 자를 공격하고 약탈하고 착취하고 종속시켜 노예로 만들어 버린다. 그에 의하면 자연상태에서는 선과 악, 정의와 부정의, 법과 불법, 네 것과 내 것 같은 소유권의 개념 등은 존재하지 않는다. 왜냐하면 자연상태에서는 자기보존을 위하여 필요하다고 인정되는 한 어떠한 행위도 금지되어 있지 않기 때문이다. 상호 간의 불신으로부터 자기 자신을 지키기 위하여 폭력, 간계, 위협, 약탈, 정복, 지배등 모든 것이 허용되어 있다. 그래서 Hobbes는 "이 투쟁상태에서는 힘(force)과 기망(fraud)이 주요한 덕德이다"라고 말한다.[3] 이러한 '만인의 만인에 대한 투쟁상태(bellum ommium in omnes)'에서는 '인간은 인간에 대하여 늑대(homo homini lupus)'일 수밖에 없다.[4]

약육강식의 이러한 자연상태에서는 법과 국가에 의한 통제권력이 아직 존재하지 않기 때문에 각자는 그 자신의 생명, 신체, 자유, 재산과 같은 실존조건을 유지하기 위하여 자기 자신의 힘을 사용하는 자력구제에 의존할 수밖에 없다. 이것이 **자기보존권**이다. Hobbes에 의하면, 이것은 "각자가 그 자신의 자연, 즉 그 자신의 생명을 유지하기 위하여 그의 의사에 따라 자기 자신의 힘을 사용할 수 있는 자연적 권리", 다시 말하면 "각자가 그 자신의 판단과 이성에 따라 이 자기보존의 목적을 위하여 필요한 수단이라고 인정되는 바의 모든 것을 할 수 있는 자연적 권리"이다.[5] 이 자연권이 자연상태에서 각자에게 주어져 있는 저항권이다.

그러나 자연이 각자에게 부여한 이 자기보존권으로서의 저항권은 아무 소용이 없다는 것이 곧 밝혀진다. 왜냐하면 육체적, 정신적, 사회적 약자에게는 이러한 권리가 주어져 있다 할지라도 그것으로 강자

---

3 T. Hobbes, *Leviathan*, chap. 13, p. 145.

4 Hobbes가 자연상태의 인간을 이러한 말로써 표현한 것은 인간의 본성 자체가 악하다는 성악설에 근거하고 있는 것은 아니다. 인간의 경험적 본성 자체는 악하지도 선하지도 않고, 다만 그것이 타인에 대하여 미치는 영향이 악할 수도 있고 선할 수도 있다는 것이다. 그러므로 그는 자연상태에서는 인간 상호 간의 관계가 '늑대적 존재'가 되고, 시민상태에서는 그 관계는 '신神적 존재'가 되는 것이라고 한다. "homo homini lupus et homo homini deus(T. Hobbes, *Vom Menschen Vom Bürger*, S. 59 이하, 69 이하)."

5 T. Hobbes, *Leviathan*, chap. 14, pp. 145-146.

에 대하여 자기보존을 한다는 것은 사실상 불가능하기 때문이다. 그것은 마치 정당방위 상황에서 약자에게 이론상 정당방위권이 주어져 있다 할지라도 강자의 공격에 대하여 약자가 자신을 방위하는 것은 사실상 불가능한 것과 마찬가지이다. 그러나 반면 강자의 생명의 안전성도 자연상태에서는 확실한 보장이 주어져 있지 않다. 아무리 약자라 할지라도 칼을 잡고 찌를 만한 힘만 있으면 기습적으로 강자를 죽일 수도 있기 때문이다. 이렇게 강자, 약자 할 것 없이 자연상태에서의 자기보존은 불안전하고 불확실하다. 그래서 Hobbes는 "자기보존권의 효과는 마치 아무런 권리도 없는 것과 같다"라고 말하고 있다.[6]

따라서 정당한 이성은 자연상태에 처해 있는 모든 사람에게 그들의 쓸모없는 자기보존권의 행사를 포기하고 그것을 어느 한 사람 또는 몇 사람의 최강자에게 이양하고 이 최강자의 권력 밑에서 보호받을 것을 명한다. 이 이성의 명령에 따라 합의한 것이 이른바 '사회계약'이다. 이러한 사회계약을 통한 자기보존권의 이양은 Hobbes에게는 다음과 같은 것을 의미한다. "예전에는 당연히 저항할 수 있었던 행위이지만 지금에는 그러한 저항행위는 더 이상 허용되지 않는다."[7] 즉 권리 이양의 본질은 모든 사람이 저항을 포기하고 그 권리를 이양받은 최고 권력자에 '복종'한다는 데 있다. 그렇게 함으로써 이제는 그 권리를 이양한 자에게서 저항권은 완전히 사라졌으며, 그 대신 그 권리를 이양받은 자에 대한 복종만 남게 된 것이다. 이렇게 해서 Hobbes의 국가 'Leviathan'이 탄생하는 것이다.

---

6 T. Hobbes, *Vom Menschen Vom Bürger*, Kap. 1, Art. 11, S. 83.
7 T. Hobbes, a. a. O., Kap. 2, Art. 4, S. 88.

왜 Hobbes가 저항권의 포기를 국가성립의 제1차적 조건으로 제시했는지를 이해하는 것은 그리 어렵지 않은 것 같다. 복종 없이는 지배단체로서의 국가는 성립할 수 없기 때문이며, 또한 일단 성립한 국가도 피지배자가 복종을 거부하고 저항을 할 때는 계속 존속하기가 어려울 것이기 때문이다. 이뿐만 아니라 논리적 관점에서도 국민은 그들의 보호를 위하여 스스로 국가권력을 창출하고 그 권력의 보호 역할을 분명히 의식하면서 승인하였으므로[8] 그 보호자의 권력에 도전하는 저항권은 자기모순이기 때문이다. 이런 이유에서 Hobbes는 국가권력에 대한 저항권을 부인하고 있다. 그러나 Hobbes는 저항권 부인론자는 아니다. 왜냐하면 다른 한편에서는 저항권을 인정하고 있기 때문이다. 한쪽에서는 저항권을 부정하고, 다른 한쪽에서는 긍정하는 이러한 그의 태도를 어떻게 이해해야 할 것인가? 그러나 자세히 들여다보면, 그의 이러한 비논리적 태도는 오히려 논리적임을 알 수 있다.

Hobbes가 'Leviathan'이라는 하나의 인조인간(an artificial man)을 만든 것은 그 자체 자기목적이 아니라 인간의 목적을 위한 수단으로, 즉 시민의 안전을 보호하기 위한 도구로 만들어진 것이다. 'Leviathan'의 최고의 목적과 유일한 과제는 시민의 보호이다.

국가는 그 자신을 위하여 만들어진 것이 아니라 시민을 위하여 만들어진 것이다 … 국민의 안전이 최고의 법칙이다 … 만일 국가의 지배자가 그의 권력을 국민의 안전이 아닌 다른 목적을 위하여 사용하였다면 그는 자연법, 즉 평화

---

8 T. Hobbes, *Leviathan*, chap. 26, p. 250.

의 조건에 위반한 것이 될 것이다.[9]

따라서 지배자의 권력에 대한 불가침성은 그에게 부과된 시민보호라는 과제를 수행할 능력과 의지를 갖고 있느냐에 달려 있다. 그러한 능력과 의지가 없는 한 그에 대한 불가침성의 권위는 존중되지 않는다. 다시 말하면, 그가 우리를 보호하는 한 복종하며, 그가 우리를 보호하지 아니하는 한 그 복종은 거부된다. 이 점을 Hobbes는 다음과 같이 말한다.

지배자에 대한 시민의 의무는 그가 시민을 보호하는 한에서만 지속하며, 그 이상은 아니다.[10]

시민의 복종의무가 탈락하는 저항상황은 두 경우에 나타난다. 하나는 지배자가 시민을 보호할 수 있는 능력을 상실하는 때이고, 다른 하나는 지배자가 시민을 보호하지 않고 오히려 침해하는 때이다.

첫 번째의 경우는, 지배자가 외적의 침입으로부터 시민을 지켜 주지 못할 때와 시민 상호 간의 내란상태로부터 시민을 보호해 주지 못할 때이다. 이때는 시민의 복종의무가 탈락하며, 따라서 지배단체로서의 국가는 해체된다. 그리고 국가의 해체와 더불어 자연상태가 되돌아오고 시민은 사회계약을 체결하면서 국가에 이양한 자연권을 다시 되돌려 받아서 자기 자신을 스스로 보호하는 수밖에 없다. 그래서

---

9 T. Hobbes, *Vom Menschen Vom Bürger*, Kap. 13, Art, 2-3, S. 205.

10 T. Hobbes, *Leviathan*, chap. 21, p. 212.

Hobbes는 "자기 자신을 보호할 자연권은 어느 타인이 보호해 줄 수 없을 때는 어떠한 계약에 의해서도 소멸하지 않는다"라고 말한다.[11] 또한 "법률에 의한 보호가 탈락할 때 누구도 온갖 힘을 다하여 자기 자신을 보호할 것을 단념할 수 없다"라고 말한다.[12] 이처럼 국가에 의한 보호가 탈락하면 국가 자체도 소멸한다. 그러므로 Hobbes 자신도 'Leviathan'을 지상에서는 최강의 권력과 최고의 권위를 갖는 하나의 '신'으로 비유하지만, 그 존재목적인 시민의 보호가 불가능하게 되면 마땅히 '죽어야 할 신(mortal god)'이라고 표현하고 있다.[13]

두 번째의 경우는, 'Leviathan'이 죽지는 않지만 미쳐버린 경우이다. 즉 국가가 시민을 보호하는 기능을 하는 것이 아니라 거꾸로 시민의 안전을 침해하는 역기능을 하는 경우이다. 지배자가 그의 칼을 시민을 보호하기 위하여 사용하는 것이 아니라 거꾸로 시민을 공격하는 경우인데, 이때는 시민도 지배자에 대한 복종 대신 투쟁으로 돌아서지 않을 수 없다. 이처럼 'Leviathan'이라는 거대한 괴물이 역기능을 하여 시민을 공격할 때는―Hobbes에 의하면―"시민들은 다른 지배자 밑으로 도망가든지, 아니면 투쟁을 통하여 자기 자신을 구제하고자 시도하는 것 외에는 다른 방법이 없다."[14] 시민을 보호해 주어야 할 국가 자체가 시민의 권리를 침해하고 그들의 생명의 안전을 위협할 때는 "누구도 그들을 죽이고 상해하고 기타 그들의 권리를 침해하는 자에게 저항하지 말아야 할 계약상의 의무는 없다 … 왜냐하면 누

---

11 T. Hobbes, op. cit., chap. 21, p. 212.
12 T. Hobbes, op. cit., chap. 27, p. 271.
13 T. Hobbes, op. cit., chap. 17, p. 176.
14 T. Hobbes, *Vom Menschen Vom Bürger*, Kap. 2, Art. 18, S. 94.

구도 불가능한 것에 구속될 의무는 없기 때문이다."[15]

그러면 시민의 부저항의 의무, 즉 복종의 의무가 계약상의 의무가 아니라면 그것은 어디에서 나온 것인가? 그것은 Hobbes에서는 보호의 대가로 지불되는 '**상호성의 원칙**(Prinzip der Gegenseitigkeit od. Wechselseitigkeit)'으로부터 나온 것이다. Hobbes에서 이 상호성의 원칙, 즉 '**보호-복종**保護-服從', '**불보호-저항**不保護-抵抗'의 공식은 철저하게 지켜지며, 이것은 국가와 국민의 관계를 규정하는 자연법상의 행위원칙이다. 따라서 복종의 의무는 보호의 의무와 상관관계에 놓여 있고, 복종의무 탈락은 보호의무 탈락과 상관관계에 놓여 있다.[16]

또한 시민의 복종의무와 마찬가지로 국가의 보호의무도 Hobbes에서는 계약상의 의무가 아니다. 그는 이렇게 말한다.

국가권력의 소지자인 군주는 국가 내에 있는 누구에게나 계약상의 의무를 지고 있지 않다.[17]

국가권력을 이양받은 자는 국가의 법률에 구속되지 않고 ― 만일 그렇지 않다면 그는 자기 자신에 대하여 의무를 져야 할 것이다 ― 시민에 대해서도 아무런 의무를 지지 않는다. 따라서 국가는 완전히 자유롭다. 국가는 실제로

---

15 T. Hobbes, a. a. O., Kap. 2, Art. 18, S. 94.

16 상호성의 원칙에 따른 보호와 복종의 상관관계는 Hobbes의 국가의 핵심적인 구성원칙으로 되어 있다. 이 점에 관한 지적으로는, C. G. v. Krockow, *Soziologie des Friedens*, S. 15 이하, 28, 35; P. C. Mayer-Tasch, *Thomas Hobbes und Widerstandsrecht*, S. 103 이하; C. Schmitt, *Der Leviathan in der Staatslehre des Thomas Hobbes*, S. 113 이하 참고.

17 T. Hobbes, *Vom Menschen Vom Bürger*, Kap. 7, Art. 14, S. 155.

모든 구속에서 벗어나 있다.[18]

이처럼 군주는 법적으로 완전히 자유롭다. 심지어 자기 자신에 대해서조차도 자유롭다. 그러나 국가는 한 가지 점에 있어서만은 자유롭지 못하다. 즉 국가는 그의 '본질'에 구속되어 있다. 국가는 그 '본질상' 시민의 '보호자'이지 공격자는 아니다. 바로 이 점에서 Hobbes가 항상 되풀이하여 강조하는 명제, 즉 "국가는 시민에 대하여 결코 불법을 행할 수 없다"[19]라는 명제의 의미를 이해할 수 있는 것이다. 따라서 시민을 보호해야 할 국가의 의무는 계약으로부터 나온 것도 아니고, 국가의 법률로부터 나온 것도 아니고, 오로지 **'국가목적'**으로부터 나온 것이다. 시민을 보호해야 할 이러한 국가목적은 Hobbes에서는 지배자를 구속하는 유일한 근거이다.

따라서 지배자는 자연법에 구속되어 있다.[20]

이처럼 지배자는 법률상으로나 계약상으로나 누구에게도 구속되지 않지만, 그 존재목적 자체에서 시민을 보호할 자연법상의 의무를 지고 있다. 그가 이러한 자연법상의 의무를 충족하지 못할 때, 즉 시민을 보호할 능력을 상실하거나 보호할 의지를 철회하거나 할 때 국가는 자연법상 더 이상 시민에 대한 복종을 요구할 수 없게 된다. 그럼

---

18 T. Hobbes, a. a. O., Kap. 6, Art. 14, S. 141.

19 T. Hobbes, *Leviathan*, chap. 18, p. 180; *Vom Menschen Vom Bürger*, Kap. 7, A S. 115; Kap. 6, Art. 13, S. 138, Anm.

20 T. Hobbes, *Vom Menschen Vom Bürger*, Kap. 13, Art. 10, S. 210.

에도 불구하고 지배자가 그에 대한 복종을 요구한다면 시민들은 이러한 근거 없는 요구를 또한 자연법상 정당하게 거절할 수 있다. 왜냐하면 복종의 목적인 보호가 이미 탈락해 있기 때문이다. 바로 여기에 근거 없는 복종의 요구에 대응하는 근거 있는 저항권이 맞서 있는 것이다. 지배자와 피지배자 사이가 보호자와 피보호자의 관계에 놓이지 않고 공격자와 방어자의 관계에 놓일 때 양자는 적대적인 전쟁상태에 처하여 있다. 이러한 적대적인 전쟁상태에서는 피지배자는 자기보존을 위하여 필요하다고 인정되는 모든 방어행위를 할 수 있으며, 따라서 상대방인 공격자를 살해하는 것도 허용된다. 이 경우에 지배자라고 하여 예외가 될 수는 없다. 한때는 그들 사이의 관계는 보호자와 피보호자 사이의 관계였지만, 지금의 이 전쟁상태에서는 적과 적의 사이로 변하였기 때문이다. 이 상태에서 시민을 공격하는 지배자는 이미 군주가 아니며 "하나의 적敵에 불과하다. 따라서 시민의 저항권에 의하여 정당하게 살해될 수 있다. 그러나 이 살해는 폭군살해가 아니라 하나의 적을 살해한 것이다."[21] Hobbes는 이렇게 저항권에 의한 폭군살해를 단순히 하나의 적을 죽인 것이라고 정당화하고 있다.

Hobbes는 국가권력이나 저항권을 다 같이 시민에 대한 '보호권'으로 보고 있다. 국가권력은 타인에 의한 보호권이며 저항권은 자기보호권이다. 사회계약의 실질적 내용은 자기보호가 국가보호에 의하여 대체된 것 이외의 아무것도 아니다. 그러나 국가보호가 이루어지지 않을 때는 당연한 사물의 논리로서 자기보호의 요청이 되살아난다. 국가보호의 대가로 복종이 지불되는데, 국가권력에 의한 보호가

---

21 T. Hobbes, a. a. O., Kap. 12, Art. 3, S. 195.

거절되면 복종도 거절되고 저항권이 되살아난다는 것은 상호성의 원칙에 의한 당연한 논리적 귀결이다.

이 점은 그의 사회계약의 성격 규정과도 일치한다. Hobbes에서 사회계약은 '복종계약'인 동시에 '보호계약'으로 이해되어 있다. 그것은 그 수단의 측면에서는 **복종계약**이고 그 목적의 측면에서는 **보호계약**이다. 따라서 계약의 수단은 계약의 목적을 조건으로 하며 그 역逆은 아니다. 즉 보호받는다는 조건하에 복종하는 것이지, 복종한다는 조건하에 보호받는 것이 아니다.

> 복종의 목적은 보호이다.[22]

> 권리포기와 권리이양의 동기와 목적은 개인의 안전이다.[23]

그러므로 Hobbes의 사회계약은 '**무조건적으로**', '**유보 없이**' 체결된 것이 아니라 보호를 받는다는 조건하에 체결된 것이다. 그 당연한 결과로서 보호를 받지 못할 때는 복종이 거절된다.

> 누구도 나를 살해하고 상해하고 감금하는 행위에 대하여 나를 보호할 권리를 이양한다거나 포기할 수는 없다. 이러한 위험을 피하고자 하는 것이 권리이양의 유일한 목적이다. 따라서 이러한 폭력에 저항하지 않는다는 약속은 어떠한 계약에서도 권리 이양의 효과를 가져오지 않으며 또한 구속력이 있는 것

---

22 T. Hobbes, *Leviathan*, chap. 21, p. 212.
23 T. Hobbes, op. cit., chap. 14, p. 148.

도 아니다.[24]

　이처럼 Hobbes에서 사회계약에 의한 권리의 이양은 국가권력에 대한 저항권을 무조건 포기한 것이 아니라 그 권력이 나를 보호해 준다는 조건에 유보되어 있다. 따라서 국가권력이 나를 보호해 주는 한 저항권은 발동되어서는 안 되고, 아니 그 한에서는 발동될 필요가 없으며, 그 반대로 국가권력이 나를 보호해 주지 못하는 한 유보된 저항권은 다시 발동될 수 있고 또한 발동되어야 한다.

　그런데 국가권력의 남용으로 인하여 저항권이 발동될 때 그 저항상황은 국가성립 이전의 본래의 자연상태보다 훨씬 더 어려움이 가중된 자연상태에 빠져 있다. 왜냐하면 여기서는 타인에 의한 폭력 대신 막강한 힘을 가진 'Leviathan' 자신이 직접 그의 시민에 대하여 조직화된 폭력을 행사하고 있기 때문이다. 개인의 폭력이나 외적의 폭력으로부터 우리를 지켜 줄 것이라는 기대하에 국가를 만들었는데, 그 국가가 지금에 와서는 거꾸로 우리 시민을 폭력으로 공격하는 적으로 탈바꿈하였으니 되로 주고 말로 받은 셈이다. 우리는 이제 다시 나타난 이 제2의 자연상태에서 개인, 외적, 국가라는 3중의 적과 맞싸워야 할 저항상황에 놓인 것이다.

　이상의 고찰에서 확인되는 바는, Hobbes에서 저항권이 서야 할 자리는 자연상태뿐이며 ― 그것이 제1의 원초적 자연상태이든 제2의 후발적 자연상태이든 상관없다 ― 법상태에서는 그가 서야 할 자리는 주어져 있지 않다는 점이다. 이와 반대로 국가권력이 서야 할 자리는

24　T. Hobbes, op. cit., chap. 14, p. 153.

법상태뿐이며 자연상태에서는 그가 서야 할 자리는 주어져 있지 않다. 저항권과 국가권력은 그 본질상 다 같이 시민을 보호하는 보호권이지만 각각 자기의 지배영역 내에서만 그 보호 역할을 다할 수 있다. 따라서 'Leviathan'의 왕국은 국가권력이 지배해야 하고, 'Behemoth'의 왕국은 저항권이 지배해야 한다. 이 지배권의 관할 한계는 바로 인간의 보호를 위하여 철저하게 지켜져야 한다. 만일 국가권력이 그 한계를 벗어나서 자연상태 안으로 침범하여 들어오면 저항권을 약화 또는 절멸시켜 폭정상태가 야기될 것이며, 반대로 저항권이 그 한계를 넘어서 법상태 안으로 침입하여 들어갈 때는 국가권력을 약화 또는 절멸시켜 무정부상태가 야기될 것이기 때문이다. 폭정상태나 무정부상태 그 어느 곳에서도 인간은 보호되지 않는다.

Hobbes는 어떻게 하면 인간을 이러한 무정부상태에서의 폭력과 폭정상태에서의 폭력으로부터 보호할 것인가 하는 문제를 해결하려고 시도한 국가철학자였다. 그 해결책을 그는 이 두 보호권력의 지배영역을 양극화하여 분리하는 데서 바라보았다. 즉 자연상태에서는 국가권력에 의하여 억압받지 않는 저항권과 법상태에서는 저항권에 의하여 손상되지 않는 강력한 국가권력이 그것이다. 바로 이러한 처방으로부터 Hobbes의 학설의 외관상의 논리적 모순점, 즉 한쪽에서는 저항권을 금지하면서, 다른 한쪽에서는 그것을 허용하는 논리적 모순의 논리성을 이해할 수 있는 것이다. 다시 말하면, 바로 인간의 보호를 위하여 법상태에서는 저항하지 않는 복종을 요구하고, 자연상태에서는 복종하지 않는 저항을 요구하기에 이른 것이다. 이와 다른 해석은 Hobbes의 저항권의 진정한 의미를 바르게 이해하지 못하였거나

왜곡되게 해석하였거나 둘 중의 하나일 것이다.[25]

Hobbes의 저항권의 존부存否에 관한 이해의 바탕에는 '**자기보호
권**'이라는 규범적 척도가 놓여 있다. 즉 국가에 의하여 보호받지 못한
자는 스스로 자기 자신을 보호할 권리를 가져야 한다는 것이 그것이
다. 그는 이에 대한 법이론적 구성으로서, 보호를 받지 못하는 자가
자연상태로 되돌아가게 하고, 그렇게 함으로써 사회계약을 체결하면
서 국가에 넘겨준 그의 자기보호의 자연권을 되찾아 손에 쥔다는 것

---

25 C. Schmitt, *Der Leviathan in der Staatslehre des Thomas Hobbes*, S. 71. "Hobbes의
절대국가에서는 헌법적 차원에서 하나의 '권리'로서의 저항권은 법적으로나 사
실적으로나 어떠한 관점에서 보든지 간에 모순이며 불합리한 논리이다. 모든 저
항을 물리칠 수 있는 기술적으로 완벽한 초강력 명령기구인 Leviathan에 대하여
저항을 시도하는 것은 실제적으로 전혀 불가능한 일이다. 그러한 저항권의 법적
구성은 이미 문제로서 제기하는 것 자체가 불가능한 것이다. 저항권은 그것이 객
관적 법이든 주관적 권리이든 그 어느 측면에서도 법적 구성 가능성이 없다. 저
항권은 현실적으로 저항 불가능한 그 거대한 기계가 지배하는 영역에서 설 자리
는 어디에도 없다. 그것은 발붙일 거점이 없으며 서야 할 자리와 서야 할 곳이 없
으며 말 그대로 '유토피아적'이다.", Schmitt의 이러한 Hobbes 해석은 Hobbes가
생각한 국가의 한 측면만을 보고 있다. 이것은 국가가 인간을 보호할 능력이 있
고 또한 보호할 의지가 있는 곳, 즉 법상태에서만 타당하며, 국가가 그러한 보호
능력을 상실하거나 보호 대신 침해를 하는 곳, 즉 자연상태에서는 타당하지 않
다. Leviathan의 힘은 극도로 강력하지만, 무조건적이 아니며, 그의 권리는 전능
에 가깝지만, 절대적이 아니다. 그것은 오로지 인간을 보호할 목적으로, 또한 보
호할 근거에서만 국민에 대해 명령을 할 수 있다. 그래서 Welzel은 Hobbes를 가
리켜, 권력국가의 창시자 또는 현대의 독재국가의 선구자라고 보아서는 안 된다
고 말하고 있으며(H. Welzel, *Naturrecht und materiale Gerechtigkeit*, S. 121), 또
한 Maihofer는 그를 가리켜, 인간의 자기보존의 기본권을 '안전국가'로 보장한
최초의 위대한 법치국가의 이론가라고 말한다[W, Maihofer, *Rechtsstaat und
menschliche Würde*, S. 106, 110(심재우 역,『법치국가와 인간의 존엄』, 124-125면,
129면)]. 우리의 Hobbes 이해에 따르면, 그는 아주 특이하게 국가의 '사망'과 '탄
생'이라는 양극 사이에 인간의 저항권을 위치시킴으로써 우리에게 국가권력과
저항권이 지배해야 할 지배영역의 한계를 명백하게 제시해 준 유일한 국가철학
자이다.

이다. 그러나 이 자기보호의 자연권을 되찾아 손에 쥔 자가 현실적으로 자기보호를 하는 것이 가능할 것인가?

우리가 Hobbes에 의하여 '자기보호권', '자기보존권' 또는 '자기방어권'이라 부르는 권리를 우선 '정당방위권'으로 이해한다면, 현재의 부당한 침해행위를 그 권리를 행사하여 자신을 보호할 수 있을 것이다. 그러나 그것을 '저항권'으로 이해한다면, 정당방위권을 행사하는 경우와 같이 그렇게 단순하지 않다. 왜냐하면 저항권의 대상은 '불법한 행위'가 아니라 '불법한 질서'이기 때문이다. 인간의 권리를 무시하고 인간을 비인간적으로 다루는 불법한 국가질서와 사회질서를 제거하고 인권을 존중하는 인간다운 질서를 새로이 세우지 않고서는 현실적으로 자기보호는 전혀 실현 불가능하다. 또한 조직화된 국가권력을 남용하여 시민의 자유를 탄압하고 시민의 생명을 박탈하는 불법에 대하여 정당방위권으로서 자기보호를 한다는 것은 애당초 불가능할 뿐만 아니라 그 침해의 성질상 정당방위 상황이 나타나지도 않는다. 오로지 그와 같이 불법을 자행하는 폭력지배체제를 배제하고 법이 지배하는 법치국가 질서를 확립하여 그 보호하에서 자기보호를 보장받는 것 이외의 다른 방법이 없다. 따라서 이때의 저항권은 그 본질상 단순한 방위권이 아니라 불법정권을 배제하는 혁명권이다.

개인이나 사회집단의 자의적 폭력지배로부터 자기보호를 행하는 경우도 사정은 마찬가지이다. 왜냐하면 애당초 사회적으로 약자의 지위에 놓여 있는 자는 이론상 자기보호권이 주어져 있지만, 사실상 강자에 대하여 자기보호를 하는 것은 불가능에 속한다. 사회적 강자가 사회적 약자를 억압하고 착취하여 종속시켜 버리면 그 노예질서의 고리를 끊는 것은 공권력公權力뿐이다. 국가권력의 매개 없이 자기보호 권만으로는 아무런 보호도 실현할 수 없다. 따라서 자기보호의 현실적인 실현은 국가권력을 전제한다. 엄격히 말한다면, 그 자기보호권은 그 자체 보호권이 아니며 보호권을 창출하는 힘에 불과하다. 이것이 의미하는 바는, 현실적인 자기보호를 실현하기 위해서는 우선 하나의 새로운 'Leviathan'을 탄생시키지 않으면 안 된다는 것이다. 즉 저항권자는 그들에게 다시 돌아온 자기보호권으로서의 자연권을 사용하여 과거의 폭군을 제거하고, 다시 새로운 성군聖君을 세우고 그에게 자기의 자연권을 다시 이양하고 그에게 복종함으로써 그 국가권력의 힘을 빌려 비로소 자기보호를 실현할 수 있는 것이다. 이러한 자기보호권의 실현과정을 Hobbes는 다음과 같이 말하고 있다.

폭군적 지배에 대한 저항은 그 지배권을 없애 버리려고 한다기보다는 다른 사람에게 그 지배권을 넘겨주려고 하는 것이다. 왜냐하면 그 지배권을 배제해 버린다면 그것은 곧 국가를 없애 버린다는 것을 뜻하는 것인데, 그렇게 되면 다시 만인의 만인에 대한 투쟁이 벌어질 것이기 때문이다.[26]

Ⅲ. 저항권의 시간적 한계와 공간적 한계

이처럼 저항권은 불법국가를 제거할 수는 있지만, 그것만으로는 자기보호가 불가능하기 때문에 다시 사회계약을 체결하고 법치국가

---

26 T. Hobbes, *Vom Menschen Vom Bürger*, Kap. 6. Art. 13, S. 138 이하.

를 세워서 그 국가권력의 보호하에 비로소 자기보호를 실현할 수 있다. 그래서 정확히 말하면, 저항권은 그 자체가 자기보호권이 아니라 자기보호권을 창출하는 권력이다. 자기보호권으로서의 저항권 자체는 국가권력에 의한 보호 역할을 대신 떠맡을 수 없기 때문에 저항권 행사의 내재적인 시간적 한계가 드러난다. 바로 이 한계가 저항권의 시발점과 종착점을 결정하여 준다. 우리가 Hobbes 국가론의 근본구상에 따른다면, 저항권에 관하여 항상 되풀이하여 제기되는 문제, 즉 저항권은 언제 시작하여 언제 끝나야 할 것인가에 관한 물음에 대답을 줄 수 있을 것이다. 그것은 'Leviathan'의 사망과 더불어 시작하여 새로운 'Leviathan'이 탄생할 때 끝나야 한다는 것이다. 그 시기를 앞당겨서도 안 되고 늦추어서도 안 된다. Hobbes에서 국가의 보호를 받지 못하는 무보호자는 그의 자기보호권을 사용하여 자기보호를 시도할 수 있다는 점에 대하여는 의문의 여지가 없다. 그러나 또한 명백한 것은 이 권리의 사용은, 그것이 실질적인 보호권이 될 수 있기 위하여는 자연상태에 국한되어야 한다는 점이다. 즉 국가의 보호기능이 사라지고 다시 생겨나는 그 중간기간의 **자연상태**에서만 저항권이 행사되어야 한다는 점이다.[27] 저항권의 행사가 이 기간을 앞질러서 일찍 시작한다거나 또는 이 기간을 늦추어서 늦게 끝날 때는 국가의 보호기능을 방해하거나 파괴하게 될 것이며, 그 결과 우리로부터 보호를

---

27 물론 여기에서 이 자연상태의 중간기간은 찬탈의 경우와 같이 며칠이나 몇 주일이 아니라, 몇 년이나 몇십 년 또는 몇백 년 동안 계속될 수도 있다. 예컨대 영국의 식민통치하에서의 인도에서는 100년이 넘게 걸렸고, 일본의 식민통치하에서의 우리나라에서는 36년이나 걸렸으며, 또한 유신독재의 군사정권하에서 우리는 30년이 넘게 걸렸고, 북한의 공산정권하에서는 50년이 넘게 아직도 계속되고 있다.

빼앗아 갈 것이기 때문이다. 이것은 자기모순이다. 저항상황이 아직 나타나지도 않았는데 그러한 저항상황의 출현을 막기 위하여 앞질러 저항을 시작한다거나 또는 저항상황이 사라졌는데도 저항을 끝내지 않고 계속하는 것은 저항권의 남용이며 그것은 불법이다. 우리가 바르게 평가한다면, Hobbes의 저항권론의 중요한 의의는 저항권을 정당화하는 데 있다기보다는 오히려 그것의 한계를 설정하는 데 있다. 바로 이 한계 내에서만 비로소 저항권의 합법성과 정당성이 승인되는 것이다. 이 한계를 벗어나는 저항권의 행사는 남용으로서 법적으로 정당화되지 않는다. 다시 말하면, 저항권이 그 시작이건 끝이건 간에 자연상태를 벗어나서 법상태에서 행해지는 것은 불법이다.

저항권의 이러한 시간적 한계로부터 또한 그 공간적 한계도 명백히 드러난다. 저항권이 정당화될 수 있는 곳은 오로지 **불법국가**(Unrechts-staat)만이다. 불법국가는 인간의 존엄과 인권이 존중되지 않고 침해되는 국가를 말하며, 저항권의 대상은 이 불법국가에 국한된다. 법치국가(Rechtsstaat)에 대한 저항권이라는 것은 존재하지 않으며 그것은 개념의 모순이다. 국가에 대한 모든 저항행위가 저항권으로 정당화되는 것은 아니며, 법치국가에 대한 저항은 자살행위이며 반역행위이다. 왜냐하면 법치국가는 인간의 존엄과 인권을 존중하고 보장하는 국가이며, 자의적인 폭력이 지배하는 곳이 아니라 정당한 법이 지배하는 곳이기 때문이다. 법치국가는 법이 지배하는 법상태에 놓여 있는 곳이며 폭력이 지배하는 자연상태에 놓여 있는 국가가 아니다. 저항권은 폭력이 지배하는 자연상태를 법이 지배하는 법상태로 바꾸는 혁명적 투쟁권이다. 그것은 **개혁**(Reform)의 수단이 아니라 **혁명**

(Revolution)의 수단이다. 저항권은 법을 통한 개혁의 길이 아직 열려 있는 법상태에서는 서야 할 곳이 없으며, 그것은 개혁의 길이 막혀 있는 자연상태에서 폭력을 통하여 그 자연상태를 극복하고 법상태로 바꾸어 놓으려는 마지막 시도이다. 따라서 저항권을 법치국가의 법상태에서 더 나은, 더 인간답게 살 수 있는 국가질서와 사회질서를 만들기 위한 개혁수단으로 원용하는 것은 저항권의 본질을 그르치는 것이다. 따라서 저항권의 효력범위는 위로 향하여 그어진, 그 자체 끝이 없는 더 인간다운 질서로 개혁하기 위한 최대한 상한선으로 확장해서는 안 되고, 거꾸로 이 인간다운 질서의 최소한의 하한선이 '윤리적 최소한도'로 보장되어 있지 않은 곳에서만 타당하다. 즉 저항권은 오로지 인간으로서 더 이상 참을 수 없는 비인간적인 국가질서를 배제하는 혁명의 수단으로 원용될 수 있을 뿐이다. 우리는 법치국가 내에서 단순히 '저항'이라는 말을 사용할 수는 있지만, 엄격하게는 '저항권'이라는 말은 사용해서는 안 된다. 이 권리(Recht)는 법치국가 내에서는 '불법(Unrecht)'이기 때문이다. Hobbes의 다음의 말은 우리에게 시사하는 바 크다.

하필이면 불복종(저항)이라는 수단을 선택하여 국가를 개혁하고자 하는 자는 결국 그로 인하여 국가가 파괴되는 것을 보게 될 것이다.[28]

---

[28] T. Hobbes, *Leviathan*, chap. 30, p. 258; 그러나 Kaufmann은 Hobbes와는 반대로 "저항은 혁명과는 아무 관계가 없다. 오히려 저항은 끊임없는 개혁이다. 그것은 마치 선원이 영원히 수평선에 도착할 수 없는 것과 같이, 결코 그 목표에 도달할 수 없다. 그것은 법과 법치국가가 계속하여 끊임없이 개혁되어 나감으로써 그 변질을 저지하는 추진력이다"라고 말한다. A. Kaufmann, "Einleitung", in: *Widerstandsrecht*, S. XIII.

제6장
저항상황과 자연상태

I. 찬탈과 폭정의 저항상황

저항권의 한계 내에서의 저항상황은 완전한 무정부상태이다. 그곳
은 모든 국가적·법적 통제로부터 완전히 벗어나 있는 자연상태이다.
저항권의 효력범위는 시간적으로나 공간적으로나 법상태로부터 완
전히 떠난 곳에서만 발견되기 때문이다. 따라서 저항상황의 본질은
'만인의 만인에 대한 투쟁상태'이며 어떠한 질서주체도 존재하지 않
는 카오스(Chaos)의 세계이다. 이 세계는 평화와 질서를 세우는 법의
본질과 모순되며 정면으로 충돌된다. 이 무질서의 세계를 법적 관점
에서 어떻게 이해하고, 어떤 의미를 부여하고, 또한 어떻게 극복할 것
인가?

우리는 우선 먼저 저항권의 전형적 대상인 '찬탈(Usurpation)'과
'폭정(Tyrannei)'에서 이러한 무정부상태가 출현하는 경위를 살펴보
고자 한다.

첫째, 찬탈纂奪은 법률에 따라 통치권을 획득하지 않고 비합법적 방
법으로 그것을 손에 넣는 경우이다. 이른바 '쿠데타'나 '혁명'이 그 전

형적인 예이다. 찬탈에 대응하는 저항권은 독일 헌법 제20조 4항에
규정되어 있다. "이 질서를 배제하고자 시도하는 모든 자에 대하여 다
른 구제수단이 불가능한 경우 모든 독일국민은 저항할 권리를 가진
다." 이 저항권은 자유민주주의 헌법질서를 수호하는 것을 그 목적으
로 하는 이른바 '헌법수호권 (Verfassungsschutzrecht)'이다.

이 헌법수호권으로서의 저항권의 발동요건은 "찬탈을 시도하는 자
에 대하여 다른 구제수단이 불가능한 때"이다. 따라서 법적 구제수단
뿐만 아니라 권한 있는 국가기관, 예컨대 군, 경찰, 의회, 정부, 헌법재
판소 등에 의한 헌법수호가 아직 가능할 때는 국민의 저항권은 발동
될 수 없다. 이 저항상황의 특징은 모든 국가기관의 기능이 총체적으
로 마비되어 헌법수호를 위한 대응 능력을 완전히 상실하는 경우이다.
원래 헌법수호의 책임은 국가 자체가 지고 있는 것이며 국민이 아니
다. 그런데 이 저항상황에서는 국가기관의 작용이 쿠데타세력에 의하
여 완전히 배제되어 있으므로 국민이 그 국가를 대신하여 헌법수호에
나서는 것이다. 다시 말하면, 이때의 저항권은 국가기능의 완전한 공
백상태를 전제하고 있다.

그러면 국민은 언제, 어떠한 방법으로 그들의 저항권을 실행해야
하는가? 국민은 조직화되어 있지 않기 때문에 각자가 그 저항의 시기
와 방법을 결정할 수밖에 없을 것이다. 따라서 여기서는 각자가 자기
자신에 대한 법관이 되어야 한다. 물론 이 저항상황에서도 이미 찬탈
자의 수중에 들어간 영역 밖에서 망명정부가 조직되어 시민의 저항을
요청할 수 있을 것이지만, 그러나 이 요청은 거의 그 실효성을 기대하
기 어려울 것이다. 왜냐하면 망명정부는 이 긴박한 상황을 타개할 힘

을 사실상 상실한 상태이며, 시민들이 그 요청에 응할 것인지도 확실하지 않기 때문이다. 만일 시민들이 한쪽에서는 현 헌법체제를 유지할 것을 바라고, 다른 한쪽에서는 그 반대의 입장을 취한다면 시민과 시민 사이에 시민전쟁이 야기될 수도 있을 것이다. 더욱 절망적인 것은 시민들이 아무런 결단도 내리지 않는 경우이다. 이렇게 시민들에게 저항할 의사도 없고 저항할 용기도 없는 경우에는 이 자유민주주의 헌법은 마지막 숨을 거둘 수밖에 없다. 비록 독일 헌법 제20조 4항에 찬탈에 대응하는 저항권이 규정되어 있기는 하지만 그 조항의 실질적 의미는 시민전쟁의 시작을 알리는 선전포고 조항과 같은 것이 되든지, 아니면 가사상태에 빠진 자의 유언장과 같은 것이 될 것이다.

둘째는 폭정暴政의 저항상황이다. 이 저항상황은 국가권력에 의하여 인간의 존엄과 인권이 침해되는 상황이다. 이 상황에서 저항권행사의 요건도 법질서에 의한 권리구제가 불가능할 때에 비로소 발동될 수 있다. 그런데 이 저항상황의 특징은 헌법수호의 저항권과 같이 국가기관이 찬탈로 인해 그 기능을 상실한 경우가 아니라, 그 반대로 국가기관의 기능은 활발하나 그것이 역기능을 한다는 데 있다. 그러나 이 폭정에 의한 저항상황이 언제 주어져 있는가를 확인하는 일은 그리 쉽지 않다. 왜냐하면 이 저항상황의 발생 시점은, 찬탈의 경우와는 달리, 정확히 확인하기 어렵기 때문이다. 폭정은 찬탈과 같이 하루아침에 돌연히 일어나지 않고 서서히 독재로 변해 간다. 만일 저항상황의 발생 시기를 잘못 판단하여 너무 일찍 저항에 들어가면 그것은 적법한 저항권의 행사로 인정될 수 없을 것이다. 이에 반하여 독재정권이 확고하게 틀을 잡고 난 다음에 너무 늦게 저항을 시작하면 성공을 기대할 수 없을 것이다.

그러나 일반적으로 저항권의 발동요건으로서의 시기는 국가에 의한 '현저한 불법'[1]이 있을 때와 "법질서에 의하여 주어진 모든 법적 구제가 불가능하고 저항권의 행사가 법을 유지하고 회복하기 위한 최후의 마지막 수단으로 남겨져 있을 때"[2]이다.

그렇다면 누가 '현저한 불법'이 있다는 것을 판단할 것인가? 국가기관, 중립적 민간기관 또는 개개의 시민인가? 첫 번째 가능성은 여기서는 완전히 배제되어 있다. 왜냐하면 국가기관은 저항권을 야기한 장본인이기 때문이다. 인권을 침해한 관헌 당국에 저항권발동의 결정권한을 준다는 것은 불합리하다. 어떤 사람은 헌법재판소에 그 결정권을 맡기면 문제될 것이 없다고 한다.[3] 이러한 견해는 저항상황의 심각성을 제대로 이해하지 못한 것 같다. 헌법재판소는 법적으로 그러한 결정을 내릴 수 있는 권한이 주어져 있지도 않을뿐더러 사실적으로도 기대할 수 없는 일이다. 헌법재판소가 독재자의 의사에 반하여 폭군에 대한 저항을 국민에 대하여 요청할 수 있다면 독재자에 의한 인권의 침해도 헌법재판소에 의하여 법적으로 구제 가능한 상태에 놓여 있음이 틀림없다. 인권보호기관으로서의 헌법재판소가 아직도 무엇인가 그의 기능을 할 수 있는 상태라면 독재가 지배하는 세상은 아닐 것이며, 따라서 저항상황은 현존하지 않는다고 보아야 할 것이다. 또한 설령 헌법재판소가 법적으로 그러한 결정권한을 가지고 있고, 실

---

1 *BVerfGE* 5, S. 377.
2 *BVerfGE* 5, S. 337.
3 K. Doehring, "Das Widerstandsrecht des Grundgesetzes und das überpositive Recht", S. 431.

제로 그러한 결정을 내렸다 할지라도 집행력이 없는 법원으로서는 저항을 실제적으로 주도하고 통제할 수 있는 능력이 없기 때문에 국가의 현저한 불법이 있다는 저항의 선언은 국가에 대한 선전포고 이외의 아무것도 아니다. 국가기관이 국가에 대해 선전포고를 한다는 것도 믿기지 않는 일이지만, 이 선전포고에 따라서 국민이 저항을 시작할 것인지, 시작하지 않을 것인지는 더더욱 불확실하고 믿을 수 없다. 두 번째 가능성은 국가기관 이외의 중립적 민간기관인 옴부즈맨(Ombudsman)에게 저항권발동의 결정권을 맡긴다는 견해이다.[4] 예컨대 정부와 독립된 민간기구로서의 인권위원회라든지 야당과 같은 것을 생각할 수 있을 것이다. 이것은 저항권의 남용을 막고 저항상황의 무정부 상태를 피해 보고자 하는 착상에서 나온 것이지만 무용하다. 왜냐하면 폭군은 그러한 민간기구나 야당의 존재를 애당초 인정하지 않을 것이며, 설령 인정한다고 할지라도 그 민간기구나 야당이 저항권의 행사를 질서 있게 이끌어가는 통제능력을 갖고 있지도 않기 때문이다.

세 번째 가능성은 우리가 생각할 수 있는 마지막 가능성으로서 시민 각자에게 자신의 판단과 책임하에 저항권발동의 결정과 실행을 맡기는 것이다. 그러나 이렇게 되면 각자의 주관적 판단에 따른 오류와 위험이 따를 것이다. 그럼에도 불구하고 저항권이 각자 자기 자신의 판단과 양심에 따라 결정을 하고 자기 자신의 위험부담과 책임하에서 행하여진다면 그것은 무정부적 자연상태에 되돌아감을 의미할 것이

---

4 W. Wertenbruch, "Zur Rechtfertigung des Widerstandes", S. 336, 341; E. v. Hippel, "Zum Problem des Widerstandes gegen rechtswidrige Machtausübung", S. 275.

다. 이러한 상황에서 **"누가 결정권자인가?**(quis iudicabit?)"라는 물음에
대한 대답은 오직 하나밖에 없을 것이다.

결정권자는 따로 없으며 만인이 결정권자이다.[5]

바로 이러한 기준 없는 판단과 행위결정의 무질서성 때문에 Kant
는 저항권의 가능성을 단호히 거부한다. 그는 말한다.

어느 편이 바른 것인가를 누가 결정해야 하는가? 양쪽 가운데 누구도 자기
자신의 행위에 대한 법관일 수는 없다. 만일 그렇다면 군주와 국민 사이에서
결정을 내리는 심판관 위에 또 하나의 심판관이 있어야 할 것이다. 그것은 자
기모순이다.[6]

Ⅱ. Kant의 저항권부인론

Kant에 의하면 두 종류의 자연상태가 있다고 한다. 그 하나는 '**불법
의 자연상태**(status iniustus)'이고, 다른 하나는 '**무법의 자연상태**(status
iustitis vacuus)'이다.[7] 자세히 보면, 그는 폭력에 대한 저항권의 정당
성을 부인한 것이 아니라 그 저항권의 행사가 폭력에 의하여 행하여

---

5 A. Schubart, "Ein Widerstandsrecht in der Verfassung", S. 2; O. E. Kempen,
  "Notstandsverfassung und Widerstandsrecht", S. 581; A. Rüstow, "Die heutige
  Position (Diskussion)", S. 153.
6 I. Kant, *Über den Gemeinspruch*, S. 156.
7 I. Kant, *Die Metaphysik der Sitten*, S. 430.

지는 것을 부인하고 있다. 다시 말하면, 그는 '**폭력에 대한 저항**'을 부인한 것이 아니라 '**폭력에 의한 저항**'을 부인하고 있다. 이 점은 다음의 언급에서 확인된다.

국민의 권리가 침해되었다. 그 폭군을 제거하는 것은 불법이 아니다. 이 점에 대하여 의문의 여지는 없다. 그러나 그러한 폭력의 방식으로 국민이 그들의 권리를 추구하는 것은 신하의 위치에서는 더 큰 불법이다.[8]

왜냐하면 이러한 국민의 저항권을 준칙으로 받아들인다면, 모든 법적 헌법은 불안정하게 되고 모든 법이 최소한의 효력조차 가질 수 없는 완전한 무법의 자연상태를 가져오기 때문이다.[9]

그러면 이 딜레마를 어떻게 해결할 것인가? Kant에게 이 딜레마의 해결방법이 있는가? 그는 다음과 같은 방법으로 국민의 권리를 추구할 것을 지시한다.

1) 적극적인 저항을 하지 말고 소극적인 저항을 할 것(의회를 통하여)[10]
2) 저항에 의하지 말고 소원訴願에 의하여 할 것[11]
3) 혁명에 의하지 말고 개혁에 의하여 할 것[12]

---

8 I. Kant, *Zum ewigen Frieden*, S. 245.
9 I. Kant, *Über den Gemeinspruch*, S. 158.
10 I. Kant, *Die Metaphysik der Sitten*, S. 441.
11 I. Kant, a. a. O., S. 438.
12 I. Kant, a. a. O., S. 441, 498.

4) 폭력으로 하지 말고 펜으로 할 것[13]

첫 번째 지시에서 Kant는 오직 의회議會에 의한 저항을 생각하고 있다. 즉 국민이 그들의 대표자를 통하여 정부의 대표자인 장관들의 권력 행사에 법률적으로 저항할 수 있는 헌법을 만들고 그것에 따라 저항을 하라는 것이다.[14] 그러나 그러한 헌법이 아직 만들어져 있지 않거나 그러한 헌법이 이미 만들어져 있다 할지라도 그것이 지켜지지 않고 국가권력이 여전히 남용될 때에는 국민은 의회를 통한 그러한 간접적인 방법에 따라 그들의 권리를 추구하는 것은 불가능하다.

두 번째 지시도 원칙적으로 첫 번째 지시와 그 논리는 같다. 국민의 권리를 소원訴願이나 청원請願을 통하여 추구하는 것이 가능하다면 저항권의 행사는 위법일 뿐만 아니라 애당초 필요가 없다.

세 번째 지시는 개혁이 객관적으로 불가능하고 그러한 방법이 완전히 차단되어 막혀 있으면 혁명이 불가피할 것이다. 따라서 이 지시는 개혁의 가능성이 전제되어 있어야만 한다. 개혁으로 국민의 권리를 추구하는 것이 가능하다면 혁명은 불필요한 것이다.

네 번째 지시에서 Kant는 대단한 열정을 가지고 '펜의 자유(Freiheit der Feder)'를 주장한다. 그는 이 '펜의 자유'를 '군주에 대한 국민의 없어서는 안 될 권리', 또는 '국민의 권리의 수호신(Palladium)'이라고 한다.[15] 즉 야만적 수단인 폭력에 의하지 말고 문명의 무기인 펜으로 대항하라는 것이다. 왜냐하면 "폭력에 의한 혁명은 폭군의 독재와 권

---

13 I. Kant, *Über den Gemeinspruch*, S. 162 이하.
14 I. Kant, *Die Metaphysik der Sitten*, S. 441.
15 I. Kant, *Über den Gemeinspruch*, S. 162 이하.

력욕, 지배욕을 위한 압제에서 해방될 수는 있을지 모르나 사유방식의 진정한 개혁은 가져다주지 않기 때문이다."[16] 그러나 이것도 언론의 자유, 표현의 자유가 보장되어 있다는 전제하에서만 가능한 것이다. 이미 펜대가 폭력에 의하여 부러져 있다면, 어떻게 그 부러진 펜을 들고 저항을 할 수 있을 것인가! 펜의 자유는 펜이 자유롭게 움직일 수 있는 헌법 공간을 전제하고 있는 것이며, 그 전제하에서만 펜의 자유는 저항수단으로 원용될 수 있을 것이다. 오히려 언론의 자유와 표현의 자유가 있다면 폭력적 저항은 불필요할지도 모른다. 독재국가에 언론의 자유가 있다면 그것은 이미 독재국가가 아닐 것이기 때문이다.

결론적으로 말하면, Kant는 저항권을 거부하면서 항상 정상적인 헌법상태를 전제하고 있다는 것이 밝혀진다. 즉 그에 의하여 제시된 국민의 권리의 방어수단들은 저항상황인 자연상태에서는 사용 불가능하고 법상태에서만 사용할 수 있는 수단들이다. 정상적인 헌법상태에서 법적으로 사용 가능한 허용된 저항수단들은 '**헌법적 제도**'이지 아직 저항권은 아니다. 자유를 방어하는 그러한 법적 구제수단들이 제대로 기능하는 곳에서는 저항권은 설 자리를 발견할 수 없기 때문이다.

그러면 Kant는 이러한 헌법적으로 제도화된 저항권 외에 제도화되지 아니한 저항권, 즉 제도화된 저항권이 작용하지 않을 때 보충성의 원칙에 따라 최후의 마지막 수단(ultima ratio)으로서의 폭력적 저항권에 대해서는 어떠한 태도를 취했는가? 그는 이에 관한 직접적 언급을 하고 있지 않으므로 그 거부 여부는 확실치 않다. 그러나 우리는 저

---

16 I. Kant, *Beantwortung der Frage: Was ist Aufklärung?*, S. 55.

항권에 대한 그의 근본적 태도에 비추어 보아 남겨져 있는 최후의 마지막 폭력수단은 거절하였을 것이라는 결론에 이른다. 이때 우리에게 중요한 것은 그가 저항권을 부인했다는 사실 그 자체가 아니라 그 부인의 근거이다. 그는 다음과 같이 말한다.

최고권력의 남용이 극단화하여 도저히 감내할 수 없는 지경에 이르렀다 할지라도 그것을 참아야 할 국민의 의무의 근거는 최고의 입법에 대한 그들의 저항이 위법한 것으로, 아니 법률적 헌법 전체를 절멸시켜 버리는 것으로 생각되기 때문이다. 왜냐하면 국민이 그러한 권리를 갖기 위해서는 이러한 저항을 허용하는 공권력이 존재하지 않으면 안 될 것이다. 즉 최고의 입법이 최고가 아니라는 하나의 조항을 헌법 가운데 포함해야 할 것이며, 마찬가지로 신하로서의 국민은 그들이 신하라는 판단을 자기 자신이 내릴 수 있는 주권자로 만드는 조항이 헌법 가운데 있어야 할 것이다. 이것은 자기모순 이외의 아무것도 아니다.[17]

이러한 Kant의 말을 올바로 이해하기 위하여는 그의 국가관에 대한 고찰이 필요하다.

그는 국가의 개념을 두 가지 의미로 파악한다. 그 하나는 '**이념으로서의 국가**'이고, 다른 하나는 '**힘으로서의 국가**'이다. 이념으로서의 국가는 Kant에서는 순수실천이성원칙의 선험적 형식을 뜻하며, 이 원칙에 따라서 하나의 시민헌법이 사회계약의 관념을 매개로 하여 인간사회에 확립된다. 그러므로 그는 국가를 정의하여 "다수의 인간이 법

---

17 I. Kant, *Die Metaphysik der Sitten*, S. 440.

(의 일반법칙)하에 통합된 것"[18]이라고 한다. 이러한 의미에서의 국가는 Rousseau의 국가개념과 흡사하다. Rousseau도 '일반의지'가 시민헌법으로 구현된 그 이념적 통일체를 국가로 파악하기 때문이다.[19]

이와는 달리, 힘으로서의 국가는 이 질서원칙에 따라서 구성된 시민헌법의 보장자를 뜻한다. 이러한 의미에서의 국가는 Hobbes의 국가개념에 접근되어 있다. Hobbes는 국가를 "다수인의 계약을 통하여 모든 사람의 의사가 한 사람의 의사로 응집된 **유일자**"[20]로 파악하기 때문이다. 즉 힘으로서의 국가는 국가원수 자체를 두고 하는 말이다. Kant에서 이 국가원수는 법의 일반법칙에 따라 통합된 국민 자체를 의미하는 것이기 때문에, 국가원수는 자신의 법률을 통하여 국민에게 불법을 행할 수 없게 되어있다. 국가가 국민에 대하여 불법을 행하는 것은 논리적으로 자기모순이다. 또한 국가원수는 국가의 유일한 최고 명령권자로서 법을 통하여 국민에 대하여 오로지 강제할 권리만을 가지며 강제당할 의무는 지지 않는다. 그 자신은 법의 구속을 받지 않는 초월자이다. 따라서 그는 누구에 의해서도 재판을 받거나 처벌받지 않는다.[21]

왜냐하면 국가원수도 강제될 수 있다면 그는 이미 최고명령권자일 수 없으며, 종적縱的인 지배질서의 서열은 위로 향하여 끝없이 올라가게 될 것이기 때문이다.[22]

---

18 I. Kant, a. a. O., S. 431.
19 Kant와 Rousseau의 이념으로서의 국가개념에 관해서는, I. Kant, *Die Metaphysik der Sitten*, S. 431, 438 및 *Über den Gemeinspruch*, S. 157, 160, 163 이하; J. J. Rousseau, *Der Gesellschaftsvertrag(Du Contrat Social)*, I, 6, S. 44; I, 7, S. 47; II, 4, S. 60 참고.
20 T. Hobbes, *Vom Menschen Vom Bürger*, Kap. 5, Art. 9, S. 129.
21 I. Kant, *Die Metaphysik der Sitten*, S. 436 이하.
22 I. Kant, *Über den Gemeinspruch*, S. 146 이하.

그런데 지배단체로서의 국가의 본질상 그 최고의 명령권자에게는 법적으로 최종의 힘이 귀속될 뿐만 아니라 또한 사실적으로 최강의 힘이 부여되지 않으면 안 된다. 만약 국가보다 더 강한 힘을 가진 어떤 단체가 국가 내에 존재한다면 사실상 강제를 통한 법률의 집행은 불가능하다. 따라서 국가는 그의 명령에 저항하는 어떠한 힘도 단호히 제압할 수 있는 강한 힘을 사실상 가지고 있어야 한다.

그러나 국가가 가지고 있는 이 최종의 힘 또는 최강의 힘은 결코 맹목적 또는 무목적적 힘이 아니라 그것은 법질서를 보장하고 국민을 보호하기 위한 힘이다. 그러므로 국가는 개념상으로는 분명히 하나의 강제단체이기는 하나 이념상으로는 인간보호단체이다. 인간의 자유라는 관점에서 보면, 국가에 의한 강제적 지배는 그 자체 '악惡'이다. 그러나 법질서를 보장함으로써 인간을 보호한다는 점에서는 그것은 '필요한 악'이다. 국가는 결코 악 자체를 위하여 지배하는 것이 아니라 그 반대로 선善을 위하여 지배하는 것이다. **"왕은 결코 악을 행할 수 없다"**라는 국가윤리적 명제는 국가이념의 근본규범으로서 전제되어 있다. 이렇게 국가는 강제단체이긴 하지만 강도단체는 아니다. 그러나 현실적으로 국가가 강도단체로 변하였을 때는 어떻게 할 것인가?

Ⅲ. 무법의 자연상태와 불법의 자연상태의 딜레마

Kant의 국가론은 여기에서 딜레마에 빠진다. 그는 이 강도단체로 변한 국가의 불법에 대한 국민의 저항권을 한쪽에서는 정당한 권리로

인정하면서, 다른 한쪽에서는 그러한 폭력적 방법에 의하여 저항하는
것은 국민으로서는 더 큰 불법을 저지르는 것이라고 한다. 왜냐하면
"그러한 폭력적 저항은 국가의 근본토대를 파괴하는 것으로서 공동체
내에서 마땅히 최고의 형벌을 받아야 할 범죄이며, 이것이 하나의 준
칙에 따라 권리의 행사로 일반화된다면 모든 시민적 헌법은 그 존립
의 기초를 상실할 것이고, 따라서 인간들이 그 헌법 속에서만 그들의
권리를 소유할 수 있는 법상태를 말살하게 될 것이기 때문이다. 이러
한 저항권의 행사는 무조건적으로 금지되어야 한다."[23]

Kant에서 이러한 저항권의 절대적 금지는 사회계약의 성질에 대한
그의 이해에서도 명백히 드러난다. 그에게 사회계약의 제1차적 목
적은 자연상태를 극복하고 우선 국가를 세우는 데 있다. 따라서 그 계
약의 성질은 '**복종계약 또는 통합계약**(Unterwerfungs- bzw. Vereinigungs-
vertrag)'이다. 시민을 보호하는 것은 오히려 그다음 제2차적 계약목
적이다. 이 점이 Locke나 Rousseau에서 사회계약이 지닌 의미와 다
른 점이다. Locke나 Rousseau에서 사회계약은 제1차적으로 '**보호계
약**(Schutzvertrag)'이다. 따라서 이들은 개인의 자유와 안전에 대한 국
가의 보호가 탈락할 때는 계약은 무효가 되고 정부는 해체되며 자연
상태는 되돌아온다고 생각한다. 그러나 Kant에서는 그러한 국가에
의한 보호가 주어지지 않는다고 하여 곧장 계약의 효력이 상실되는
것은 아니며, 오히려 그 계약이 무효가 되는 것은 반란이나 정복에 의
해서이다. 왜냐하면 그것은 국가조직의 토대 자체를 파괴하여 국가
없는 무정부상태를 야기하기 때문이다. 이 점에 관한 한 Kant의 시각

---

23 I. Kant, a. a. O., S. 156.

은 관념적이 아니며 철두철미하게 현실적이다. 왜냐하면 국가라는 공적 조직체가 없는 이상 국민의 자유와 안전을 보호할 주체가 결缺하게 되기 때문이다. 따라서 국가의 존재는 시민의 보호에 선행되어 있지 않으면 안 된다. 즉 시민의 보호는 국가 법질서의 존재를 전제한다. "모든 것에 앞서서 먼저 하나의 **법적 상태**가 존재해야 한다."[24] 결국 Kant에서는 국가의 법질서를 통해서만 비로소 개인을 보호해 줄 수 있다는 사실이 예리하게 통찰되어 있다.

이와는 달리 Locke나 Rousseau에서는 계약의 목적이 관념적으로 이러한 법질서의 존재에 앞서 있다. Rousseau에서 폭군의 지배에 의하여 사회계약의 목적이 무위로 돌아가면 국가는 해체되고 모든 시민은 다시 자연상태로 돌아가며 그들의 자연권을 되찾는다. Locke에서도 이와 마찬가지로 폭정에 의한 전쟁상태의 재발과 함께 계약은 무효가 되며 국가는 해체되고 국민은 자연상태에서의 그들의 권리를 되찾아 자기보호에 나선다.

그러나 국민은 자연상태로 되돌아가서 사회계약을 체결할 때 국가에 넘겨준 그들의 자연권을 되찾아서 실제로 자기보호를 할 수 있는가? 그들은 원초적 자연상태에서 자연권으로 자기보호가 불가능하였기 때문에 사회계약을 통하여 그곳으로부터 탈출하였던 것인데, 지금에 와서 국가에 의한 보호가 주어지지 않는다고 하여 그 자연상태로 다시 되돌아가는 것은 모순이 아닌가? 그들이 국가 없는 자연상태에서 자연권을 다시 손에 잡고 자신을 보호할 수 있으리라고 믿는 것은 환상에 지나지 않는다. 만일 그것이 가능하다면 애당초 국가를 설립

---

24 I. Kant, *Zum ewigen Frieden*, S. 247, 249.

할 필요조차 없었을 것이다. 따라서 자연상태로 다시 돌아온 시민들은 무엇보다도 먼저 다시 사회계약을 체결하고 새로운 국가를 세운 다음 그 국가의 법질서를 통하여 보호받을 수밖에 없다. 그러나 그 새로운 국가를 세울 때까지는 그들은 누구에 의한 보호도 받지 못하는 상태에 놓여 있을 뿐만 아니라 오히려 국가에 의한 공격을 받는 처지에 놓여 있다. 그러나 이 공격에 대한 방어권의 행사가 Kant에 의하면 금지되어 있다. 따라서 시민들은 다시 새로운 사회계약을 체결할 기회도 갖지 못한 채 인권의 침해를 속수무책으로 감수할 수밖에 없는 무보호상태에 묶여 있다. Kant는 Locke나 Rousseau에 의한 사회계약론에서 국가에 의한 보호가 탈락할 때 시민들은 자연상태로 돌아가 그들의 자연권을 되찾아 자기보호를 한다는 논리에 동의하지 않는다. 국가에 의한 공적 보호질서와 그 질서를 보장하는 공적 보호권력 없이는 어떠한 경우도 인간은 보호받을 수 없다는 것이다. 따라서 공적 보호권력, 즉 국가권력 없이는 현실적인 국가도 존재하지 않으며, 실효적인 보호도 존재할 수 없다. 그래서 그는 다음과 같이 말하고 있다.

시민 상호 간의 침해로부터 그들을 보호할 만한 충분한 힘을 가지고 있지 아니한 자는 또한 그들에게 명령할 권리도 가질 수 없다.[25]

어떤 합법적인 명령권자가 시민들에게 그들 상호 간의 저항을 허용하고 심지어 명령하는 경우에도 그는 동시에 그들을 보호할 수 있지 않으면 안 된다.[26]

---

25 I. Kant, a. a. O., S. 246.
26 I. Kant, *Die Metaphysik der Sitten*, S. 438f.

이처럼 Kant에서 시민의 보호는 국가에 의해서만 가능하다. 국가에 대한 저항은 그 보호권력을 파괴 또는 약화함으로써 개인 상호 간의 침해, 집단 상호 간의 침해, 외적으로부터의 침해를 막아 줄 보호자를 상실하게 만든다는 그의 견해는 옳다. 그러나 이 견해는 국가가 보호자의 역할을 하는 한에서만 타당한 것이다. 그 보호자가 공격자로 바뀌면 사정은 달라진다. 이때 인간은 2중 3중의 적에 노출되며, 그 가운데서도 국가라는 가장 강력한 적과 맞부딪히게 된다. 이때의 저항상황은 문자 그대로 '만인의 만인에 대한 투쟁상태'에 다름 아니다. 적어도 이 공격하는 국가를 배제하고 보호하는 국가를 새로 들어세울 때까지는 인간은 완전한 무보호상태, 즉 '법진공상태(status ius-titis vaccus)'에 놓이게 된다. 이 상태가 바로 **무법**無法**의 자연상태**이다.

이렇게 저항권에 의하여 불법不法의 자연상태를 극복하자니 무법의 자연상태가 나타나고, 무법의 자연상태를 피하고자 하니 불법의 자연사태를 감수하는 수밖에 없다. 저항권의 이 딜레마는 논리적으로는 해결될 수 없는 것 같다. 그 어떤 국가철학자의 국가론에서도 이 딜레마에 대한 모순 없는 해결책은 발견되지 않는다. "국가는 결코 국민에게 악을 행할 수 없다"라는 국가윤리적 명제가 지켜지지 아니하는 한, 자연상태를 극복하기 위한 사회계약의 논리는 논리의 모순으로 남겨져 있는 것 같다.

이러한 딜레마는 Kant에서도 해결되지 않은 채 남겨져 있다. 그의 저항권에 대한 부정이 아무리 논리정연하게 정당화되어 있다 할지라도 저항상황에서 시민은 그들 상호 간의 자유침해를 보호받는 대신 지금은 국가에 의한 자유침해를 감수할 수밖에 없기 때문이다.

Hobbes는 이 점을 적절하게 다음과 같이 피력한 바 있다.

모든 사람을 보호할 만한 충분한 힘을 가지고 있는 자는 또한 모든 사람을 탄압할 수 있는 힘도 가지고 있다. 인간 세상에서 어떤 해악은 피할 수 없을 만큼 냉혹한 것이 있다. 그러나 이 해악 자체는 지배자로부터 연유하는 것이 아니라 시민들로부터 연유한 것이다. 인간이 그들 자신의 계율에 따라, 즉 자연법에 따라 살아갈 수 있었던들 국가라는 것은 애당초 필요하지 않았을 것이고, 따라서 지배자에 의한 강제도 필요하지 않았을 것이다.[27]

폭군에 대한 저항은 선택과 결단의 문제이다. 이때의 저항상황은 인간이 인간일 수 있느냐 없느냐 하는 한계상황에 놓여 있으며, 인간이 인간이기를 바라고 또한 인간으로 남기를 바란다면 저항을 선택하는 결단을 내려야 할 것이다. 우리는 Locke가 말한 바와 같이, "지상의 어느 곳에서도 한 사람의 심판관을 찾을 수 없을 때는 하늘을 향하여 심판해 줄 것을 외치면서" 저항으로 내달을 수 있을 것이다.[28] 또한 우리는 Schiller의 말에 따라 "탄압받는 자가 지상의 어느 곳에서도 권리를 발견할 수 없을 때는 마치 하늘에 걸려 있는 별처럼 양도할 수도 없고 파괴할 수도 없는 영원히 빛나는 그의 권리를 손을 뻗어 끄집어내려 저항의 용기를 고무시킬 수 있을 것이다."[29]

국가권력에 대항한 이 저항은 성공할 수도 있고 실패할 수도 있을 것이다. 그러나 그 어느 경우에도 Kant에 의하여 밝혀진 그 보호 없는

27 T. Hobbes, *Vom Menschen Vom Bürger*, Kap. 6, Art. 13, S. 139, Anm.
28 J. Locke, *Two Treatises of Government*, II, chap. 14, § 168, p. 397.
29 F. Schiller, *Wilhelm Tell*, S. 46.

무정부상태의 카오스를 회피할 수는 없고 오로지 그것을 뚫고 헤쳐나
갈 수밖에 없다. 그 누구도 국가와 맞붙어 싸우는 이 무질서한 혼란의
심연深淵을 뛰어넘을 수는 없다. 이 'Leviathan'과의 싸움은 너무나도
위험부담이 클 뿐만 아니라 이 투쟁의 와중에서 수많은 인간의 희생
을 각오하고 결단을 내려야 한다.

그러면 이러한 위험부담과 인간의 희생 없이 저항할 방법은 없을
것인가? 지금까지 살펴본 바와 같이 그와 같은 탈출구는 존재하지 않
는다. 우리는 다만 이러한 폭력과 폭력이 맞붙는 충돌상황을 완화하
고 제거할 가능성을 찾아보아야 할 것이다. 그 가능성은 저항권을 제
도화하고 조직화하고 규범화하는 길이다. 이것이 우리가 생각할 수
있는 유일한 최선의 방법이다.

제7장
저항권의 제도화

I. 서양 중세의 폭군방벌론과 저항권의 제도화

저항권은 그 자체의 폭력적 성질로 말미암아 무질서한 카오스를 야기해 법적 안정성을 심히 해친다는 점에서 법철학에서는 항상 긍정하는 입장과 부정하는 입장이 맞서 왔다. 그러면 저항권의 행사를 질서 있게 하는 방법은 없겠는가? 이것이 저항권의 제도화라는 문제이다.

저항권을 헌법상 제도화하는 것은 가능할 뿐만 아니라 헌법사적으로 볼 때 지배권의 남용을 방지하기 위한 모든 법치국가적·민주주의적 헌법제도들 그 자체가 이미 저항권의 제도화된 모습이다. 예컨대 권력분립제도, 헌법재판제도, 행정재판제도, 탄핵제도, 의회제도, 선거제도, 사법권의 독립, 다수정당제도, 언론·출판·집회·결사의 자유, 표현·비판·반대시위의 자유 등의 보장이 그러한 것들이다. 이러한 헌법상의 제도들은 인류가 수백 년에 걸친 자유의 투쟁을 통하여 쟁취한 저항권의 산물들로서 이른바 '제도화된 저항권'의 기능을 한다. 이처럼 저항권의 헌법사적 발전은 폭력적 저항으로부터 비폭력적 저항으로, 보복적 저항으로부터 예방적 저항으로 전환하는 제도화의 역사에 다름 아니다. 따라서 이렇게 전환된 헌법상의 제도들은 법적으로 질서 잡힌 저항권, 즉 "국가적으로 승인된, 국가적으로 통제된, 국가적으로 합리화된 법적 수단"으로서의 저항권이다.[1]

그러나 법치국가에서 국가권력을 통제하는 이러한 헌법상의 제도가 아직 쟁취되지 않은 곳 또는 그러한 법치국가적인 헌법상의 제도가 이미 쟁취되어 있지만 그 제도가 헌법적 현실로서 규범력을 발휘하지 못한 곳에서는 '제도화되지 않은 저항권'이 발동될 수밖에 없다.

우리가 앞으로 고찰하고자 하는 것은 이 제도화되지 않은 저항을 제도화할 수 있느냐 하는 점과 제도화할 수 있다면 어디까지 그것이 가능한가 하는 점을 저항권의 역사를 통하여 확인하는 일이다.

서양 중세 초기의 저항권에 관한 Kern의 연구에 따르면, 중세의 게르만사회에서는 아직 국가적으로 통제되지 않는 저항권이 일반화되어 있었다고 한다. 게르만인은 그 당시 저항권을 행사하는 데 아무런 형식도 알지 못하였다. 일정한 형식적 절차는 그들에게는 낯선 것이었고 각자는 자기 자신의 판단과 양심에 따라 지배자의 불법에 대하여 저항할 권리를 가지고 있었다. 이처럼 게르만인의 저항권행사에서 군주와 백성 사이를 심판하는 유일한 척도는 각자의 법감정과 법양심이었다.[2]

그들의 저항권 행사방식은 통상적으로 군주에 대한 복종을 거부하고 하나의 새로운 군주를 선출하는 식으로 행하여졌다. 이 경우에 군주의 교체는 종종 평화적으로 이루어지지 않고 새로 선출된 군주가

---

1 C. Schmitt, *Verfassungslehre*, S. 164.
2 F. Kern, *Gottesgnadentum und Widerstandsrecht im früheren Mittelalter*, S. 243, 330.

옛 군주를 힘으로 밀어내는 싸움의 형식으로 이루어졌다. 각자의 주관적인 판단에 따라 일정한 절차나 형식 없이 싸움의 형식으로 수행되는 이 게르만족의 저항권행사는 정권쟁탈의 수단으로 이용될 소지를 다분히 띠고 있었다.[3]

이러한 게르만적 저항권의 무정형성無定型性에 대하여 4세기 이후의 기독교적 저항권은 일정한 형식에 따라 행하여졌다. 이 저항권은 교회 내에 있는 사법적 심판자의 판결에 따라 일정한 절차를 거쳐 행하여졌다. 즉 성직자인 추기경들이 신神의 계율과 자연법에 위반한 군주를 사법절차에 따라 유죄로 판결하고 그의 지위를 박탈하였다.[4]

서임敍任 다툼이 계속되는 동안에는 교황(Papst)이 폭군적인 군주를 해임하는 권한을 가졌으며 그 형식은 그의 입을 통한 판결로써 국민을 그들의 군주에 대한 복종의무에서 해방했다. 그러나 교황의 판결은 이때 다만 선언적 의미를 지닐 따름이었으며 구성적 의미를 갖지 않았다. 따라서 그 판결은 폭군적인 왕은 더 이상 왕이 아니라는 것을 국민에게 확인시켜 줌으로써 언제 국민의 저항이 시작되어야 할 것인지를 알려 주기는 하지만 어떠한 방식으로 어느 한도까지 저항할 것인지는 알려 주지 않는다. 즉 교황의 판결선언은 저항권의 시작을 알려 줄 뿐이며 그 후의 저항권의 실행은 규율되어 있지 않았다.[5]

14세기 초에 탄생한 신분국가는 그 헌법구조의 이원성二元性으로 말미암아 독특한 저항권을 발전시켰다. 여기서는 저항권이 더 이상 국민 전체나 개개의 시민에게 주어지지 않고 오로지 신분계급을 대표

---

3 F. Kern, a. a. O., S. 146 이하, 325 이하.
4 F. Kern, a. a. O., S. 188, 193, 195, 197.
5 F. Kern, a. a. O., S. 200.

하는 의회에만 주어져 있었다. 이것은 국민의 권리가 신분계급에 의하여 흡수되고 따라서 이들 대표를 통해서만 추구되었기 때문이다.

이러한 신분대표身分代表에 의한 저항권은 일정한 절차규정에 따라서 행사되었다. 이 규정에 의하면 신분대표는 우선 군주에게 불법을 행하지 않도록 일정한 기간을 정해 경고하고, 그리고 그것이 무위로 돌아갔을 때 비로소 저항할 수 있었다. 이렇게 저항에 앞서 신분대표가 행하는 경고의 절차는 마치 하나의 법제도와 같은 것이었다. 이러한 제도화된 저항권의 행사는 그 당시의 유럽의 신분국가들 사이에서 널리 퍼져 있었다. 그러나 이 신분대표에 의한 저항은 군주를 폐위시키거나 살해할 권한은 가지고 있지 않았으며 다만 군주에 대해 불법을 행하지 않도록 강제하는 압박수단으로 작용하였으며, 또한 그 군주를 떠나 다른 군주의 지배하로 옮기는 효과를 발휘했다.[6]

이러한 신분대표에 의한 제도화된 저항권은 이미 영국에서는 1215년의 '마그나 카르타(Magna Charta)'에서 발견된다. '마그나 카르타' 제61조에 의하면 국왕이 불법을 자행할 때에는 국가권력은 25명의 백작으로 구성된 저항위원회抵抗委員會로 넘어가며, 그 위원회에서 최소한 4명의 위원이 국왕의 불법을 확인하면 즉각 국왕에게 경고를 발하고, 14일 이내에 이 경고를 받아들여 시정을 하지 않으면 저항위원회는 국왕의 재산을 압류하고 압박을 가하여 그를 굴복시킬 수 있다. 그러나 이 위원회는 국왕의 왕관을 벗길 권한은 가지고 있지 않았으며, 또한 국왕 개인의 신변을 위협할 수도 없었다. 이 저항의 목적은

---

6 K. Wolzendorff, *Staatsrecht und Naturrecht in der Lehre vom Widerstandsrecht des Volkes gegen rechtswidrige Ausübung der Staatsgewalt*, S. 54, 63 이하.

국왕이 더 이상 불법을 자행하지 못하도록 압박을 가하여 그의 권력
남용의 의지를 꺾는 것이었다.[7]

이처럼 국가적으로 승인된 제도화된 저항권은 지배권력을 법적으
로 제한하는 기능을 하는 것이었으며, 영국에서는 이 저항위원회로부
터 지속적인 의회제도를 탄생시키기에 이르렀다. 서양 중세의 신분대
표에 의한 저항권의 행사가 법적으로 제도화됨으로써 무질서한 폭력
적 저항을 잠재울 수 있었던 것은 우리에게 시사하는 바 크다. 이것은
현대의 국가생활에서도 의회가 국가권력을 견제하는 역할을 제대로
만 한다면 국민에 의한 직접적인 폭력적 저항을 불필요하게 만들 수
있다는 것을 알려 주고 있기 때문이다.

우리는 그다음 시대에 이어지는 국가론과 저항권론에 따라 이러한
제도화된 저항권이 어떠한 모델에 따라 어느 한도까지 가능한 것인지
를 계속 추적해 보고자 한다.

Marsilius von Padua는 1324년에 발표된 그의 저서 『평화의 수호
자』에서 주권자로서의 국민은 지배자가 저지른 불법의 정도에 따라
그를 질책하고, 그의 지위를 박탈하고, 그리고 처벌할 수 있는 권리를
가지고 있다고 한다. 그러나 그의 국가체계에서 국민은 불법을 자행
하는 군주에 대한 책임을 직접 물을 수는 없고, 다만 특별히 이를 위하
여 마련된 사법기관을 통하여 판결을 내리게 할 수 있을 뿐이다. 그에
의하면, 우선 그 판결을 받은 지배자의 권한을 일정한 기간 정지시킬
것이 필요하다고 한다. 왜냐하면 그렇게 함으로써 하나의 공동체 내
에 있는 두 개의 지배권력 사이에 충돌이 발생하지 않도록 하기 위함

---

7 F. Kern, a. a. O., S. 233 이하; H. Fehr, "Das Widerstandsrecht", S. 11 이하.

이다. 그다음에 그 군주로부터 군주의 자격을 박탈하고 신하로 격하시키는 판결을 내린다는 것이다.[8]

독일에서는 Lupold von Bebenburg가 국민주권의 사상으로부터 국민이 입법권과 국왕해임권을 갖는다는 결론을 도출했다. 그러나 그는 이 권한을 국민의 대표자인 선제후選帝侯들에게만 부여했으며, 이들은 그 당시의 국가생활에서 국왕해임권을 실제로 행사할 수 있었다고 한다.[9]

또한 종교개혁 시대에도 이러한 간접적인 저항권의 행사는 인정되었다. Luther가 관헌에 대한 저항권의 문제에 관하여 소극적 태도를 보였다는 것은 잘 알려진 사실이다. 그러나 그도 1529년 이후에는 폭군적인 국왕에 대한 그러한 국민의 권리를 인정하였다. 그러나 이 경우에도 개인에게는 그러한 권리의 행사가 허용되지 않았고, 다만 신분대표에만 인정되었다.[10]

Calvin도 개인에 의한 무질서한 저항을 피하려는 의도에서 신분대표에만 저항권을 인정하였다. 그에게서는 개인에 의한 저항권의 행사는 절대적으로 금지되었으며, 그것은 심지어 신神을 모독하는 행위로 간주되었다.[11]

---

8 Marsilius von Padua, *Der Verteidiger des Friedens(Defensor Pacis)*, I, XV, S. 157; 1, XVIII, S. 221, 223.

9 O. v. Gierke, *Johannes Althusius und die Entwicklung der naturrechtlichen Staatstheorien*, S. 125; K. Wolzendorff, a. a. O., S. 18.

10 K. Müller, "Luthers Äußerungen über das Recht des bewaffneten Widerstandes gegen den Kaiser", S. 61 이하, 82; L. Cardauns, *Die Lehre vom Widerstandsrecht des Volkes gegen die rechtmäßige Obrigkeit im Luthertum und Calvinismus des 16. Jahrhunderts*, S. 5; F. Kern, "Luther und das Widerstandsrecht", S. 337, Anm. 2.

11 J. Bohatec, *Calvin und das Recht*, S. 136, 151, 174 이하; L. Cardauns, a. a. O., S. 44

관헌에 대한 저항은 오로지 신분대표에만 허용된다는 Calvin의 원칙은 그의 제자 Hotmann에 의하여 계승되었다. 그에 의하면 만일 군주가 신분대표에 국민의 자유를 보호할 권리를 인정하지 않고자 시도한다면 그것 자체가 이미 국민의 권리를 침해하는 폭군이 된다고 한다. 왜냐하면 이전에 프랑스의 국왕들은 절대적이고 무제한적인 권력을 가진 폭군으로서 왕이 된 것이 아니라, 일정한 법률하에서 제한된 권력을 가진 왕으로서 선출되었기 때문이다. Hotmann은 이렇게 지배권력을 제한하여 남용하지 못하도록 하는 신분대표의 저항권이 역사적으로 실제로 그 당시의 프랑스 헌법의 구성 부분을 이루는 하나의 제도였다는 것을 의도적으로 증명하고자 하였다.[12]

그러나 저항권을 헌법적으로 제도화함으로써 순치駒致되지 않은 야성적 저항권을 국가생활에서 추방하고자 시도한 Calvin과 Hotmann의 저항권론은 하나의 약점을 지니고 있다. 그것은 신분대표가 그들의 저항권을 실행할 수 없는 상황에 놓이거나 그들 스스로 폭군과 손을 맞잡는 경우에는 어떻게 할 것인가에 관한 아무런 규율도 하고 있지 않다는 점이다.

Theodor Beza는 이러한 약점의 한쪽 끝을 보완하는 시도를 하고 있다. 즉 저항의 대상이 지배권의 찬탈로 나타날 때는 모든 개인에게 저항권을 부여한다. 찬탈의 경우에는 사실상 신분대표에 의한 저항권도 실행 불가능한 상태에 놓일 것이므로 개개인에게 저항할 권리가 주어질 수밖에 없기 때문이다. 그러나 폭군으로 변한 지배자에 대한

이하.

12 K. Wolzendorff, a. a. O., S. 101; L, Cardauns, a. a. O., S. 58; J. Bohatec, a. a. O., S. 155, 203; E. Wolf, "Das Problem des Widerstandsrechts bei Calvin", S. 53.

국민의 직접적 저항은 여전히 금지되며, 그것은 군주의 권력을 통제할 권한을 가지고 있는 지위, 즉 신분대표에만 부여된다.[13]

드디어 Philippe du Plessis-Mornay에 이르러 국민 각자에게 저항권이 부여된다. 그 역시 원칙적으로는 개인에 의한 저항권을 인정하지 않으며 신분대표만이 그러한 권리를 갖는다고 보지만, 신분대표 자신이 폭군으로 변한 경우 또는 그 신분대표가 부작위로 그들의 저항권을 행사하지 않을 때는 국민 스스로 자기 자신을 방어하는 것을 허용한다. 이때는 국민에게 자력구제 이외의 다른 방법이 없기 때문이다.[14]

다음에 이은 폭군방벌론자인 Buchanan, Boucher, Mariana 등도 신분대표에 의한 간접적인 사전저항이 행하여지지 않을 때는 국민에 의한 직접적 저항권이 최후의 수단으로 인정된다. 신분대표의 소집이 불가능하거나 신분대표가 그들의 저항을 포기하거나 기타 그들의 의무를 이행할 수 없는 상황에 놓이게 될 때는 국민이 직접 저항을 하는 것이 허용된다.[15]

Althusius의 정치체계 내에서는 신분국가와 같이 저항권은 우선 국민의 대표자에게 주어지며 개인에게는 허용되지 않는다. 그 대표자들만 국민의 권리의 '방위자' 또는 '수호자'로서 저항권을 갖는다. 그들의 저항권은 폭군적인 지배자에 대하여 탈권脫權을 선언하는 형식으로 행하여진다. 이러한 탈권선언에도 불구하고 지배자가 폭군적 지배를 계속 시도하면 그들은 국민에게 저항할 것을 호소한다. 이러한

13 L. Cardauns, a. a. O., S. 48; J. Bohatec, a. a. O., S. 161; E. Wolf, a. a. O., S. 54.
14 L. Cardauns, a. a. O., S. 102; K. Wolzendorff, a. a. O., S. 105, 107.
15 K. Wolzendorff, a. a. O., S. 108 이하, 114, 119.

호소에 따라 비로소 국민은 폭군에 대한 공격을 개시할 수 있으며 그를 군주의 지위로부터 끌어내려 사형에 처할 수 있다. 그리고 폭군이 제거되고 난 다음 새로운 지배자가 선출될 때까지 그 대표들이 정권을 인수하여 과도정부를 구성한다.

그러나 Althusius에서 국민의 대표자들이 폭군에 대해 저항하지 않거나 저항하지 못하는 경우 또는 그들 스스로 폭군에 가세하거나 굴복하는 경우에도 국민은 그들 자신의 결정에 따라 저항을 개시해서는 안 된다. 이때 국민은 다만 그들이 선출한 대표자들을 배제하고 새로이 다른 대표자들을 선출할 수 있을 뿐이다.[16]

이상의 고찰에서 알 수 있듯이, 폭군방벌론 시대의 제도화된 저항권의 한계가 어디까지인지 명백히 드러난다. 즉 신분대표에 의한 간접적 저항권만 제도화될 수 있었고, 국민에 의한 직접적 저항권은 법적으로나 사실적으로나 규율되지 않은 영역으로 남아 있었다. 저항권의 행사를 이 영역까지 남김없이 규율할 방법은 없을 것인가? 그다음 시대에 Fichte, Condorcet 등이 이 방법을 개척하려는 시도를 계속하고 있다.

II. Fichte와 Condorcet의 저항권의 제도화 시도

Fichte에 의하면, 사회계약의 체결자들이 합의에 의하여 공동으로

---

16 P. J. Winters, *Die 'Politik' des Johannes Althusius und ihre zeitgenössischen Quellen*, 261 이하.

기대했던 '공동의지(gemeinsamer Wille)'는 오로지 권력자에 의해서만 대표될 수 있다. 왜냐하면 권력자 이외에 공동체(das Gemeine)를 대표할 수 있는 공동의지의 주체는 존재하지 않기 때문이다. 즉 국가의 모든 구성원은 시민들에 지나지 않으며 공동체 자체는 아니다. 따라서 최고 권력자의 의지가 공동의지에 반하는지 여부는 그 공동의지를 확인하기 위하여 국민집회가 소집됨으로써 비로소 가능하다. 각 개인의 의지는 공동의지를 대표하는 최고 권력자의 의지와 다를 수 있고, 따라서 개인에 의한 국민집회의 소집은 반란행위가 될 수 있기 때문에 개인은 법적으로 국민집회를 소집할 권한이 없다. 그렇다면 공동체 자체가 자신을 공동체로 선언할 수밖에 없는데 이것은 모순이므로, 국민은 헌법을 통해 미리 일정한 경우에 공동체를 대표하는 기관을 설정하지 않으면 안 된다. 이 기관이 **에포렌**(Ephoren), 즉 국정을 감시하는 **옴부즈맨**(Ombudsman) 제도이다.[17]

이 옴부즈맨 제도는 작은 국가에서는 따로 상설기관으로 설치될 필요는 없고, 일정한 기간을 정하여 정기적으로 소집되는 국민집회 자체가 그 역할을 맡게 된다. 국민은 이 국민집회에서 직접 지배자로부터 국정에 관한 보고를 들을 수 있고, 잘못이 있으면 시정을 요구하며 그 잘못을 시정하지 않으면 해임할 수 있다.

큰 나라에서는 옴부즈맨의 역할을 하는 하나의 특수기관을 헌법기관으로 설정해야 한다. 이 기관은 상설기관으로서 평상시에는 국정에 대한 지속적 감시활동을 하고, 비상시에는 즉각 국민집회를 소

---

17 J. G. Fichte, *Grundlage des Naturrechts nach Prinzipien der Wissenschaftslehre*, S. 166 이하.

집한다.[18]

그런데 이 옴부즈맨은 국가행정에 대하여 사법권을 갖는 것은 아니고, 다만 행정의 집행을 잠정적으로 금지하는 조치를 취할 수 있을 뿐이다. 그러나 이 금지조치는 개별적인 법집행을 금지하는 것이 아니라 그 순간부터 일체의 모든 행정상의 법집행을 정지시키는 결정을 내리는 것이다. 이른바 '국가금지(Staatsinterdikt)', 즉 전면적인 국가 공권력의 집행 정지이다.

이 집행 정지의 선포는 동시에 국민집회의 소집을 의미한다. 국민집회가 소집되어 국민 자체에 의한 결정이 내려질 때까지 종래의 공권력 주체들은 공인이 아닌 사인의 신분으로 바뀌고, 따라서 그들의 모든 명령은 법적 효력을 가질 수 없다. 그다음에 국민집회는 옴부즈맨에 의하여 고발된 사건에 대하여 판결을 내린다. 이 판결은 양측에 대하여 내려진다. 즉 옴부즈맨의 고발이 근거 없음이 판명되면 그들은 모반謀反의 책임을 져야 하며 공권력의 행사는 다시 효력을 갖는다. 반대로 공권력의 행사가 남용되었음이 판명되면 모든 법의 집행은 계속 정지된다. 이러한 국민집회의 결의는 헌법상 소급효를 갖는다. 결국 국민은 최고권력을 가지고 있으므로 지배자와 옴부즈맨의 상위에서 양자를 다 같이 심판할 수 있다.[19]

그러나 옴부즈맨 자신이 불법을 자행하거나 공권력의 남용을 견제하고 감시해야 할 그들의 의무를 이행하지 않고 지배자의 불법이 있음에도 공동체의 집회를 소집하지 않을 때는 어떻게 할 것인가? 이때

---

18 J. G. Fichte, a. a. O., S. 167, 168 이하.

19 J. G. Fichte, a. a. O., S. 169, 171 이하. 여기서 국민집회의 소집은 전 국민이 한 장소에 모이는 것이 아니고 다만 국민투표를 하는 것을 뜻한다(S. 170).

는 국민 중의 한 사람 또는 여러 사람이 공동체집회를 소집할 수 있다.
이 소집자를 '법적 옴부즈맨'에 대비하여 '자연적 옴부즈맨'이라고 한
다. 그러나 이 사인私人으로서의 '자연적 옴부즈맨'은 원래 공동체를
소집할 권한이 없으므로, 그의 의지가 공동의지와 사실상 합치한다고
할지라도 그 소집된 공동체가 판결을 내릴 때까지는 일단 반란죄의
추정을 받게 되는데, 그 판결이 지배자의 불법을 확인하면 자연적 옴
부즈맨에 의한 공동체소집 행위는 합법화되며, 따라서 반란죄로 처벌
받지 않는다.[20]

그러나 다른 한편 법적 또는 자연적 옴부즈맨에 의한 소집요구에
국민이 응하지 않는 경우가 일어날 수 있는데, Fichte에 의하면 이러
한 경우는 사실상 국민의 권리에 대한 탄압이 없었거나 있어도 그 탄
압이 심하지 않았거나 국민의 자유의식과 권리의식이 아직 깨어있지
않은 경우일 것이라고 한다.[21] 이와는 반대로 국민이 한마음 한뜻으로
떨쳐 일어나서 소집에 응하면 그것은 Sidney의 말과 같이 **"전 국민에
의한 저항은 결코 반란이 아니다."**[22] Fichte는 이 점을 다음과 같이 말
하고 있다.

국민은 이때 결코 반란자가 아니다. 이때 국민에 대하여 반란이라는 용어를
사용하는 것은 당치 않은 일이다. 국민은 사실상으로나 법률상으로나 모든 다
른 권력을 창출하는 최고의 시원적 권력을 가지고 있으며, 오로지 신에 대해

---

20 J. G. Fichte, a. a. O., S. 179 이하.
21 J. G. Fichte, a. a. O., S. 180.
22 A. Sidney, *Discourses concerning Government*, p. 376: "The general revolt of a Nation cannot be call'd a Rebellion."

서만 책임을 진다. 반란이란 것은 더 높은 지위에 대해서만 성립한다. 그러나 지상에서 국민보다 더 높은 것이 어디에 있는가![23]

Fichte가 법적 옴부즈맨의 역할기능이 불가능할 때 이를 대신하는 자연적 옴부즈맨을 전제한 것은 옴부즈맨 제도에서 진일보한 착상임에 틀림없다. 국민의 심판을 가능하게 만드는 옴부즈맨 제도는 국민의 의사를 확인하는, 법절차적으로 조직화된 수단이다. 그리고 이 심판제도는 양 당사자 사이에 다툼이 있을 때 이들의 상위에서 제3자로서 심판하는 것을 가능하게 하고 있다. 이론적으로 볼 때 Fichte의 옴부즈맨 제도는 Kant에 의하여 제기된 쟁점, 즉 국민과 지배자 사이에서 싸움이 벌어질 때 제3자로서 중립적인 심판관이 존재할 수 없으므로 양측 각자는 자기 자신의 사건에 대한 법관이 될 수밖에 없다는 모순을 해결해 주는 것 같다. 그러나 여기서도 엄밀하게 보면 국민은 저항의 주체이면서 또한 심판자의 역할을 하고 있다는 모순을 피하기는 어렵다. 그에 의하여 제안된 옴부즈맨 제도는 저항상황의 발생을 각개인의 판단에 맡긴다면 반란과 구별될 수 없으므로 옴부즈맨을 헌법상의 제도로 만들어 공동체 집회에서 결정하게 함으로써 저항권의 남용을 통제할 수 있다는 점에서 그 제도적 의의는 크다. 국가권력의 남용과 마찬가지로 저항권의 남용도 허용되어서는 안 되기 때문이다.

그러나 Fichte에서도 저항의 결정이 내려진 다음에 그 실행단계에 들어가서는 아무런 법적 통제 없이 자연상태에 내맡겨져 있다. 물론 옴부즈맨에 의하여 소집된 공동체가 국민의 이름으로 불법을 시정할

---

23 J. G. Fichte, a. a. O., S. 179.

것을 경고한다거나, 그 불법이 심할 때는 해임한다거나 또는 사형을 포함한 중형의 판결을 내릴 수 있을 것이다. 그러나 국민 자체는 이러한 판결을 집행할 조직과 능력이 없기 때문에 폭군이 이를 거부할 때는 그 판결은 단순한 말에 지나지 않으며 아무런 실질적 효력도 가질 수 없다. 이 판결을 집행하는 것은 국민의 저항권의 힘밖에 없다. 그러나 이때 저항권의 행사는 Fichte에서 법적으로 전혀 규율되어 있지 않다. 그의 저항권의 제도화 시도는 저항할 것인가 저항하지 않을 것인가를 결정하고 그 저항권의 행사형식은 판결로 끝난다. 그 이상의 저항 과정은 법적으로 제도화되어 있지 않다. 이뿐만 아니라 그의 옴부즈맨 제도가 현대사회의 헌법체계에서 수용 가능할지도 의문이고, 또 그러한 제도를 수용할 수 있다 해도 조직화된 국가폭력이 지배하는 저항상황에서 그것이 실제로 실용 가능할 것인지는 역시 의문이다.

이러한 Fichte의 시도와는 달리, 다음 시대에 프랑스의 철학자이며 정치가인 Condorcet는 헌법을 통하여 직접 실현 가능한 제도화된 저항권을 개발하였다. 그것은 '**권력감찰제도**(Zensoratssystem)'이다. 이 제도는 1793년 2월 15/16일에 국민회의(Nationalkonvent)에 제출한 지롱드당 헌법초안 ― 이 헌법초안은 국민투표에 의하여 부결되었다 ― 에 삽입되어 있었다.

프랑스에서는 1789년의 인권선언 제2조에 탄압에 대한 저항권이 규정되어 있었고, 또한 1793년의 자코뱅당 헌법 제33-35조에도 저항권의 조항이 있었지만, 그 권리가 어떻게 행사되어야 하는지에 관해서는 자세히 규율되지 않았고, 다만 한두 개의 조문으로 저항권을

선언하였을 따름이다. 그래서 Condorcet는 그의 자코뱅당 헌법초안
에서 자연법적인 저항권을 실정법적으로 자세하게 제도화하였다. 이
때 우선 저항권의 대상이 되는 탄압(oppression)의 개념을 세 가지로
나누어 구성요건화했다. 즉 다음과 같은 세 경우에 탄압이 존재한다.[24]

첫째, 어떤 법률이 헌법이 보장하는 자연적, 시민적, 정치적 권리를 침해하
였을 때

둘째, 법률이 관헌에 의한 적용시에 시민의 권리를 침해하였을 때

셋째, 법률이 법관에 의하여 그 표현에 반하여 자의적으로 해석되어 시민의
권리를 침해하였을 때

Condorcet가 이 세 경우에 탄압이 있는 것으로 규정하고자 한 것
은 바로 우리가 오늘날 법치국가원칙이라고 부르는 것, 즉 입법의 기
본권구속성, 행정의 합법률성, 사법의 자의적 재량행위금지가 그것이
다. 그는 위의 세 가지 탄압의 경우에 헌법을 통하여 저항권의 행사를
규율하고자 하였다. 결국 이 규율된 저항권은 국가권력인 입법, 행정,
사법권의 남용을 통제하는 제도적 장치에 다름 아니다.

첫째, 입법권의 위헌적 남용에 대항한 보호를 위하여 한쪽에서는
객관적 법에 의한 보장이 주어지고, 다른 한쪽에서는 주관적 권리의
보장이 주어진다. 객관적 법의 보장은 헌법의 제정과 개정을 입법부
로부터 독립된 국민회의의 관장하에 둔다. 주관적 권리의 보장은 입
법에 대한 국민의 직접적 통제를 가능케 하는 국민의 능력에 의하여

---

24 K. Wolzendorff, a. a. O., S. 391.

주어진다. Condorcet의 헌법초안에 의하면, 이 국민의 입법통제 능력은 오늘날의 국민투표권에 해당한다.[25]

둘째, 행정에 대항한 권리보호는 객관적 법적으로는 중앙행정관청의 장관들로 구성된 행정평의회(conseil exécutif)의 감시의무에 의하여 보장된다. 이 행정평의회는 행정관청의 위법한 행정행위나 국가위험적인 행위를 취소시킬 수 있으며, 관리가 직권을 남용하거나 위법한 행위를 하면 징계조치나 해임을 시킬 수 있다. 또한 입법부에는 행정평의회에 대한 감시권한이 주어져 있으므로 행정평의회 구성원들의 의무위반행위에 대하여 책임을 물을 수 있다.

이러한 객관적인 법적 권리보호 조직은 시민의 주관적 권리의 측면에 의하여 보완된다. 시민은 행정관청에 대하여 청원권이나 소원권을 가지며, 직권을 남용하거나 위법한 행위를 한 관리에 대한 법적 조치를 취하도록 요구할 수 있다.[26]

셋째, 사법부에 대항한 권리보호 조직은 '사법감시(Justizzensur)'의 역할을 하는 파기심破棄審이다. 이 파기심에서 법관의 법왜곡이 확인되면 그 사건을 입법부에 넘기고 입법부는 그 사건에 대해 직접 판결을 하는 것이 아니라 이를 다시 특수법원에 넘긴다.

주관적 권리의 보장으로서는 각 시민에게 법원 판결의 파기를 사법감시관에게 청구할 권리가 부여된다. 더 나아가서 각 시민에게는 의무를 위반한 법관에 대하여 형사소추를 할 것을 촉구할 수 있다. 이 촉구는 법관의 의무위반행위에 대한 고발권을 가지고 있는 행정평의회

25 K. Wolzendorff, a. a. O., S. 395f.
26 K. Wolzendorff, a. a. O., S. 397f.

에 한다.[27]

이상의 서술을 통해 Condorcet가 그의 헌법초안에서 시도한 바가 무엇인지 명백하게 드러난다. 이 시도는 국가권력인 입법, 행정, 사법권의 남용을 법적으로 통제하여 시민의 권리를 보호하려는 것이다. 이것은 폭력적 저항권을 **법적 저항권**으로 대체하려는 제도화작업이다. 이 작업은 일정한 한도까지는 성공적이었다고 할 수 있다. 그러나 이렇게 제도화된 저항권은 그것을 제도화한 헌법 자체가 규범력을 지속하는 한에 있어서만 효력을 갖는다. 그 헌법 자체가 찬탈에 의하여 규범력을 상실하거나 폭군에 의하여 그 규범력이 배제되면 그와 같이 규율된 저항권의 기능도 끝난다. 이처럼 헌법 자체가 규범력을 상실한 한계상황에 대하여 Condorcet에게는 아무런 해결책도 준비되어 있지 않다. 바로 이 결정적인 시점인 '저항상황'에서 Condorcet의 '저항권'은 아무런 '저항'도 할 수 없다.

Ⅲ. 저항권의 조직화 가능성과 규범화 가능성

저항권을 조직화하고 규범화할 수 있는가? 그것이 가능하다면 저항권의 폭력적 야생성을 잠재울 수 있을 것이며, 또한 그 무정부적 무질서성도 배제할 수 있을 것이다. 그렇게만 된다면 법철학적으로 법의 이념인 정의와 법적 안정성 사이의 충돌도 면할 수 있을 것이다.

그러나 이미 위에서 살펴본 바와 같이 저항권을 법적으로 조직화하

---

27 K. Wolzendorff, a. a. O., S. 399.

고 규범화하는 데는 한계가 있다. 이 한계는 헌법의 규범력의 한계와 일치한다. 즉 헌법의 규범력이 미치는 한계 내에서만 저항권의 조직화와 규범화는 가능한 것이다. 헌법적으로 통제할 수 없는 영역은 헌법적으로 조직화할 수도 없기 때문이다. 자연법적 저항권을 실정법적 저항권으로 전환할 수 있는 한계는 헌법적으로 통제 가능한 실정법적 저항권의 영역이 끝나는 곳까지이다. 헌법 내적 저항권이 끝나는 곳에서 비로소 헌법 외적 저항권이 시작된다. 개념필연적으로 이 헌법 외적 저항권은 조직 가능한 영역 밖에 놓여 있다.

Wolzendorff는 이 저항권의 조직화 가능성의 한계를 제대로 인식하지 못하였다. 그에 의하면 당시 헌법은 저항권을 그의 법체계 내에 남김없이 흡수함으로써 저항권의 존재 가능성을 없애버렸으며, 따라서 그것은 영원히 사라졌으며 완전히 '처리되었다'라고 확신하였다.[28] 그는 저항권의 잔재를 당시 국가의 헌법적 조직 가운데서만 바라보고 있었다. 그러나 그 헌법의 조직 가운데 존재하고 있는 것은 **헌법적 제도**'이지 아직 '저항권'은 아니다.

우리의 관점에서는 헌법적으로 조직 가능한 저항권은 '헌법적 제도'라고 부르며, 헌법적으로 조직 불가능한 곳에 남아 있는 것만 '저항권'이라 부를 수 있다. 법정책적으로 볼 때 조직화되지 않은 저항권을 최대한도로 법적으로 조직화하는 것은 국가생활의 법적 안정성을 위하여 유익한 기여를 할 것이다. 그러나 조직 불가능한 저항권을 최후의 수단으로 남겨두는 것도 국가생활의 정의正義를 위하여 마찬가지로 유익한 기여를 할 것이다.

---

28 K. Wolzendorff. a. a. O., S. 462, 491, 513, 534 이하.

저항권의 조직화 가능성의 한계로부터 논리필연적으로 저항권의 규범화 가능성의 한계가 도출된다. 오늘날 현대국가의 헌법에 실정법적으로 조문화되어 있는 저항권은 실은 하나의 선언적 규정에 지나지 않으며 구성적 의미를 지니는 것은 아니다. 그것은 결코 우연이 아니다. 현대의 법치국가 헌법 자체가 이미 국가적으로 조직화된 저항권의 제도화를 의미하고 있기 때문이다. 따라서 오늘날의 저항권은 이처럼 국가적으로 제도화된 헌법 내적 저항권의 역할이 끝나는 곳으로부터 출발하지 않을 수 없다. 그 때문에 이러한 저항권은 입법기술상 단순한 선언적 의미를 지닌 규정으로 조문화할 수밖에 없다.[29]

만일 어느 누가 저항권의 행사를 헌법 가운데서 자세하게 규범화하는 데 성공한다면, 그것은 헌법규범의 실현이지 더 이상 저항권의 실행은 아니다. 저항권의 실행이 법적으로 조직화되면, 그것은 단순한 법적 절차에 지나지 않기 때문이다. 따라서 저항권 자체는 그 개념의 본질적 속성상 규범화의 대상이 될 수 없다. 어떤 헌법 가운데 저항권이 규범화되어 있다는 사실이 그것을 규범화할 수 있다는 것을 입증하는 것은 아니다. 우리는 저항권의 조항을 헌법의 한 조문으로 삽입할 수는 있지만, 결코 헌법을 통하여 조직화할 수는 없기 때문이다. 헌법상의 저항권조항은 실은 하나의 유언조항遺言條項이다. 왜냐하면 그 헌법이 숨을 거두었을 때 비로소 효력을 발생하는 것이기 때문이다.

Carl Schmitt는 이러한 이해에 상응하여 "개인의 저항권은 불가양의 권리임과 동시에 조직화할 수 없는 권리"라고 말한다.[30] 그러나

---

29 J. Isensee, *Das legalisierte Widerstandsrecht*, S. 105.

30 C. Schmitt, *Verfassungslehre*, S. 164.

Heyland는 이와는 반대로 저항권은 조직화할 수 있다고 주장한다.[31] 그러나 그는 독일 헤센주 헌법 제147조의 조직화된 저항권도 오직 '하나의' 경우에만, 즉 어떤 헌법적대적인 세력이 헤센주 안에서 사실상 권력을 장악한 경우에만 이에 대한 저항권의 법적 조직화는 불가능하다는 점을 시인한다. 그러나 이 '하나의' 경우만 저항상황에 해당하는 것이며, 그가 조직 가능하다고 주장한 기타의 경우들은 실은 저항상황이 아니며, 그 자신이 말한 바와 같이, "**헌법 파괴에 대한 법적 구제절차**"[32]에 해당하는 것이다.

본질상 초법률적超法律的으로만 타당한 저항권을 실정화하는 것은 대상 없는 것을 대상화하는 것이나 다름없다. 법의 영역을 벗어난 초법률적 세계를 법규율의 대상으로 하고자 시도하는 것은 마치 불가능한 것을 가능하게 하고자 하는 시도와 같이 무모한 것이다. 그 성질상 규범화할 수 있는 대상이 아닌 것을 규범화하는 것은 아무런 규범력도 가질 수 없으며, 따라서 그것은 그 내용에서는 무無이며, 그 형식에서는 불필요한 사족蛇足이다.[33]

저항권에 관한 Bluntschli의 다음의 말이 이 점을 잘 알려 주고 있다.

힘과 힘이 맞서 있는 곳에서는 헌법의 현실은 마비되어 있다. 헌법은 이 극단적인 경우를 외면할 수 없지만, 그렇다고 이것을 자세히 규범화할 수도 없

31 C. Heyland, *Das Widerstandsrecht des Volkes gegen verfassungswidrige Ausübung der Staatsgewalt im neuen deutschen Verfassungsrecht*, S. 94 이하, 117 이하.

32 C. Heyland, a. a. O., S. 118.

33 A. Kaufmann, "Einleitung", in: *Widerstandsrecht*, S. X; J. Isensee, a. a. O., S. 99; A. Merkel, "Die heutige Position(Diskussion)", S. 156; G. Rühe, *Widerstand gegen die Staatsgewalt? oder Der moderne Staat und das Widerstandsrecht*, S. 102.

다. 헌법은 이러한 극단적인 경우를 되도록 줄이고, 또 이 경우의 자연적 위험
성을 가능한 한 감소시키고자 노력할 수 있을 뿐이다. 그러나 그러한 긴급사태
가 터지고 규범으로 통제되지 않는 사실상의 자연력이 지배할 때는 헌법도 그
지배력의 한계에 도달하는 것이다. 이 경우에는 오로지 더 높은 윤리법칙만이
정신적 힘을 발휘할 수 있을 것이며, 그 정신적 힘만이 폭력의 상위에서 그 폭
력을 완화하고 심판할 수 있을 것이다.[34]

　　법정책적 관점에서 바라볼 때 저항권의 입법화는 이롭기보다는 오
히려 해롭다. 왜냐하면 그러한 입법화는 마치 저항권이 통상적인 헌
법상의 행위인 것처럼 오해를 불러일으킬 소지가 있을 뿐만 아니라
예외적인 저항상황을 일반화시켜 예외 없이 만들고, 헌법의 정상상황
을 비정상적으로 만들어 버릴 위험이 있기 때문이다. 더 나아가 저항
권의 입법화는 정부에 대한 불평분자들이나 현 정부를 전복시키려는
혁명분자들이 자칭 저항권을 원용하여 그들의 행위의 합법성을 주장
함으로써 헌법 질서의 안정성보다는 오히려 불안정성을 가져오는 화
근이 될 수도 있기 때문이다.

　　예외를 일반화하여 원칙으로 만드는 것은 교각살우矯角殺牛의 우愚
를 범하는 것이다. 저항권은 예외에 대해서만 약이 되는 것이며, 원칙
에 대해서는 오히려 독이 된다. 법치국가 내에서는 전혀 적용될 여지
가 없고 오히려 오해를 불러일으켜 남용될 소지만 있는 저항권의 규
정이 어떤 의미를 지닐 것인가? 실정법의 효력이 끝나는 곳에서만 비
로소 그 효력을 발휘할 수 있는 저항권을 그 실정헌법 속에 하나의

34　J. K. Bluntschli, *Allgemeines Staatsrecht*, S. 689.

법규범으로서 실정화하는 것은 모순이 아닌가? 저항권은 그 본질상 **초실정적 자연법**超實定的 自然法으로 남아 있어야 할 이유가 바로 여기에 있다.

헌법 자체를 위해서도 규범화할 수 있는 영역과 규범화할 수 없는 영역 사이의 경계는 엄격히 지켜져야만 한다. 이것이 지켜질 때 규범화할 수 없는 영역을 헌법 질서 밖에서 헌법적으로 효력을 발휘할 수 있게 할 것이며, 그 반대로 규범화할 수 있는 영역을 헌법 질서 안에서 헌법적 규범력을 갖도록 할 수 있을 것이다.

그리고 정당화의 관점에서 볼 때도 저항권은 실정법에 의한 정당화를 전혀 필요로 하지 않는다. 저항권은 **자연법**自然法에 의하여 정당화되며, 그것은 인간의 자기보존권인 **자연권**自然權에 속한다. 이는 마치 정당방위권이 형법규정에 의하여 비로소 권리로서 승인된 것이 아닌 것과 같다. 헌법상의 저항권이나 형법상의 정당방위권은 다 같이 자연법상의 권리이지 실정법상의 권리가 아니다. 다시 말하면, 규범화된 저항권조항이나 정당방위조항은 자연법상의 권리를 실정법적으로 확인하는 것에 지나지 않으며, 따라서 그것은 다만 선언적 성질을 가질 따름이고 결코 창설적 의미를 지닐 수 없다.

법률 자체가 정당한 법이 아닌 악법으로 타락한 곳에 그 악법에 대하여 저항하는 권리가 실정법에 의한 수권을 받아야 한다는 것은 법논리상의 모순이다. 오히려 저항권의 본질은 부정당한 합법성의 질서를 파괴함으로써 법질서의 정당성을 회복하는 데 있으므로 그것은 합법성에 앞서 있는 것이며, 그 합법질서에 비로소 의미를 부여하는 자연법의 토대 위에 서 있다. 법률이 저항권을 하나의 인권으로서 승인하는 것이 아니라 오히려 그 반대로 저항권이 법률을 하나의 법으로 재가裁可하고 있는 것이다.

따라서 저항권을 하나의 법률로 입법화하는 것은 그 저항권의 권위를 손상하는 것이나 다름없다. 저항권은 자연법상의 권리로서 영원히 법률 밖에 또는 법률 위에 남아 있어야 한다. 이것은 비단 저항권의 품위를 위해서 뿐만 아니라 법률의 권위를 위해서도 각각 그들의 지배영역을 지켜야 하며, 다른 지배영역을 침범해서는 안 된다. 이 점을 Krüger는 다음과 같이 말한다.

저항 자체는 국가의 지배영역으로 침범하여 들어와서는 안 된다. 그것은 국가를 위해서 뿐만 아니라 저항권을 위해서도 그렇다. 저항은 그것이 그의 도덕성의 가치와 정당화의 가능성을 상실하지 않기 위해서는 그의 기본적 성격을 유지하지 않으면 안 된다. 저항권은 그 본질상 윤리적 인격의 최후의 양심강제 가운데서 원천적인 결단을 내리는 것이다. 그와 같은 결단의 과정은 그 핵심에 비추어 파악 불가능하다. 이러한 저항권의 성질이 그것을 제도화하고 규범화하는 것을 허용하지 않는다 … 윤리적 인격의 가장 고유한 최후의 결단으로서의 저항은 그가 서야 할 자리를 필연적으로 국가와 헌법과 법률의 밖에서만 발견한다.[35]

이렇게 저항의 권리가 국가적, 법률적 영역이 아닌 초국가적, 초법률적 영역에 뿌리박고 있는 것이라면, 그러한 권리를 원용하기 위하여는 불가피하게 윤리의 세계에 의한 정당화가 필요한 것이지 법률의

---

35 H. Krüger, *Allgemeine Staatslehre*, S. 948.

세계에 의한 정당화가 필요한 것은 아니다.

제8장
저항권에 있어서 가치충돌 딜레마의 해결

I. 법이념에 있어서 정의와 법적 안정성의 충돌

저항상황에 처해 있는 인간은 두 악마의 시달림을 받는다. Kant의 표현을 빌린다면, '불법의 자연상태'와 '무법의 자연상태'가 그것이다. 전자의 자연상태는 자유 없는 노예상태이고 후자의 자연상태는 안전 없는 무정부상태이다. 그 어느 쪽에서도 인간은 보호되어 있지 않다.

그러나 노예상태에서 벗어나기 위하여 저항을 시도할 때에는 질서 없는 무정부상태의 카오스를 반드시 거쳐야 한다. 국가와 맞붙어 싸우는 투쟁에서 이 무질서한 카오스를 회피할 수 있는 길은 — 이미 위에서 살펴본 바와 같이 — 존재하지 않는다. 여기에서 법이념 사이의 가치충돌이 불가피하게 일어나게 되는데, 이때 자유를 위하여 질서를 희생시킬 것인가 아니면 질서를 위하여 자유를 희생시킬 것인가를 결단을 통하여 선택하지 않으면 안 된다. 저항권을 부인하는 자는 자유 가치보다 질서 가치를 우선시키고, 저항권을 긍정하는 자는 질서 가치보다 자유 가치를 우선시킨다.

Künneth는 전자의 입장에서, 저항권은 "신神의 제도인 형이상학적 보존질서의 남겨져 있는 마지막 잔여殘餘"를 파괴하는 것이므로 허용될 수 없다고 한다. 그에 의하면, "아무리 전도顚倒된 국가질서라 할지라도 여전히 신의 보존질서의 남겨져 있는 마지막 잔여를 유지하는 역할을 할 것이며, 따라서 국가질서의 이 잔여는 역사적 어둠 속에서도 작용할 것이다. 그러므로 이 질서의 초개인적 권위는 개인에 의하여 함부로 건드려져서는 안 된다."[1]

Isensee도 같은 내용의 말을 하고 있다. "불법국가에서도 아직 존재하고 있는 질서의 마지막 잔여에 대하여 도박을 걸어서는 안 된다. 왜냐하면 이때는 순수한 카오스가 초래될 위험이 있기 때문이다."[2]

이와 비슷한 사상은 Erdsiek의 "공동체의 물리적 존속의 마지막 지붕"의 질서 사상에서도 발견된다. 그에 의하면, "정의正義의 사상을 일상적으로 비웃는 불법국가라 할지라도, 그것이 아직 국가단체로서 존재하고 있는 한 공동체의 물리적 존속을 아직도 가능하게 하므로 법적 안정성의 요구를 충족시킨다."[3]

이 "남겨진 질서의 마지막 잔여" 또는 "공동체 존속의 마지막 지붕"의 사상 뒤에 숨겨져 있는 것은 무엇인가? 특히 저항권을 원칙적으로 부인하는 이러한 입장의 논거는 오로지 한 곳, 즉 **'법적 안정성'**으로 귀착되고 있음은 참으로 특징적이다. 저항권과 관련된 이 법이념 사이의 대결, 즉 질서냐 자유냐, 안정이냐 정의냐, 무정부상태냐 노예상

---

1 W. Künneth, *Politik zwischen Dämon und Gott*, S. 285 이하, 302, 306.

2 J. Isensee, *Das legalisierte Widerstandsrecht*, S. 74.

3 G. Erdsiek, "Zur Naturrechtstagung der Internationalen Juristenkommission - aktives und passives Widerstandsrecht", S. 193.

태냐, 국가냐 인간이냐를 선택하는 가치결정은 영원한 아포리아Aporie 에 속하는 것인가?

　Radbruch는 한때 이러한 법이념 사이의 이율배반적 가치충돌을 해결하고자 시도한 바 있다. 그러나 그에게서 이 법이념 사이의 이율배반은 그 가치서열에 의하여 결의론적決疑論的으로 결정되지 않았으며, 다만 각각 다른 법률관, 국가관, 세계관 사이의 체계적 상호관련의 경연장에서 상대주의적으로 해결되고 말았다. 결론적으로 말하면, 그에게 법이념의 세 가지 측면, 즉 법적 안정성, 정의, 합목적성은 '동등한 가치'를 갖는 것이었다. 그래서 결국 이 세 가지 법이념 사이의 충돌은 개인의 양심에 따른 결정 이외의 다른 방법이 없다고 하였다.[4]

　그러나 이어서 그가 "실정법에 의하여 주어지는 법적 안정성은 부정당하고 비합목적적인 법도 정당화할 수 있다"라고 말하였을 때, 그에게는 법적 안정성이 법의 효력에서 논리적으로 정의에 우선하고 있음이 분명하다. 이러한 견해는 그의 결론에서도 잘 나타나 있다. "정의는 법의 제2차적 중요과제이다. 그러나 법의 제1차적 과제는 법적 안정성, 평화, 질서이다."[5]

　제2차 세계대전 종전 후에 발표된 논문 「법률적 불법과 초법률적 법」에서 그는 종래까지 정의에 우선하는 법적 안정성의 서열에 일정한 조건하에 한계를 설정하였다.

　　정의와 법적 안정성 사이의 충돌은 제정과 힘에 의하여 보장되는 실정법이

4　G. Radbruch, *Rechtsphilosophie*, S. 168 이하, 181.
5　G. Radbruch, a. a. O., S. 181.

내용적으로 부정당하고 비합목적적일 때도 정의에 우선한다는 식으로 해결될 수 있을 것이다. 그러나 실정법과 정의의 충돌에서 그 법률이 '부정당한 법으로서 정의에 자리를 양보하지 않으면 안 될 만큼 참을 수 없는 정도에까지 이르렀다면, 그때는 예외적으로 정의가 법적 안정성에 우선해야 할 것이다.[6]

이른바 '**라드브루흐 공식**(Radbruchsche Formel)'이라고 일컬어지는 이 가치서열에 따른다면, 정상적인 법상태에서는 법적 안정성이 정의에 우선하지만, 예외적인 자연상태에서는 정의가 그 서열에서 법적 안정성에 앞서야만 한다고 말한 것이다. 저항권은 정의가 참을 수 없을 정도로 부인되는 예외적인 한계상황을 이미 전제하고 있으므로, 이 사항에서 법적 안정성의 요구는 '라드브루흐 공식'에 의하더라도 정당하게 무시될 수 있을 것이다.

Ⅱ. 정의 우선의 법철학적 근거

그러나 우리는 이러한 해결방법으로는 가치충돌의 완전한 해결에 이르러 갈 수 없다고 본다. 우리는 이를 넘어서 모든 경우에, 즉 예외적인 한계상황에서뿐만 아니라 정상적인 법상황에서도 저항권을 소위 '평화파괴자'라는 비난으로부터 해방하기 위하여 언제나 자유가 안전에 우선한다는 가치서열의 원칙을 확립하지 않으면 안 된다.

이러한 가치원칙을 확립하기 위하여 우리는 국가질서의 목적과 의

---

6 G. Radbruch, "Gesetzliches Unrecht und übergesetzliches Recht", S. 353.

미로부터 출발해야 한다. 국가는 통속적인 의미에서는 평화를 위하여 존재한다고 한다. 그러나 그 평화는 우리의 관점에서는 자기목적이 아니라 인간의 목적을 위한 수단으로 이해된다. 이 점은 평화질서의 철학자로 알려진 Hobbes의 평화 이해에서도 마찬가지이다.

> 지배는 평화를 위하여 마련되었고, 평화는 국민의 복지를 위하여 봉사한다.[7]

이렇게 Hobbes에서 평화는 국민의 복지를 위한 수단이다. 평화 그 자체가 자기목적인 질서개념은 인간질서 사상으로서는 무의미하다. 국가의 질서는 그 자신을 위해서가 아니라 인간의 목적, 즉 인간의 자기보존과 자기발전의 가능조건을 마련해 줄 수 있을 때만 그것은 인간질서로서의 법적 의미를 지닐 수 있다. 인간을 위한 그러한 목적이나 목표 없이 '평화'와 '평온', '질서'와 '안정' 그 자체를 질서과제로 파악하는 형식적 질서개념은 공동묘지에서나 찾아볼 수 있는 죽은 평화, 죽은 질서에 다름 아니다. 그래서 Hobbes는 이어서 다음과 같이 말한다.

> 국가는 그 자신을 위하여 만들어진 것이 아니라 시민을 위하여 만들어진 것이다 … 국민의 복지가 최고의 법칙이다 … 그러므로 만일 국가의 지배자가 그의 권력을 국민의 복지가 아닌 다른 목적을 위하여 사용하였다면 그는 자연법, 즉 평화의 조건에 위반한 것이 된다.[8]

---

7 T. Hobbes, *Vom Menschen Vom Bürger*, Kap. 13, Art. 2, S. 205.
8 T. Hobbes, a. a. O., Kap. 13, Art. 2-3, S. 205.

이렇게 Hobbes의 국가는 개인의 안전과 복지를 보장하는 것을 목적으로 하기 때문에 Maihofer는 이것을 '**안전국가**(Sicherheitsstaat)'라고 부른다.[9] 안전국가에는 두 가지 유형이 있을 수 있는데, 그 하나는 형식적 안전국가이고 다른 하나는 실질적 안전국가이다. 형식적 안전국가는 관헌국가, 안보국가, 권력국가 등에서 볼 수 있는 바와 같이 개인의 안전보다는 국가의 안전에 우선적 가치를 부여하는 국가이다. 다시 말하면, 여기서는 국가의 안전과 평화 그 자체를 목적으로 하며, 이를 위하여 개인의 자유는 희생될 수 있고 또한 희생이 강요되기도 하는 국가이다. 이와는 달리 실질적 안전국가는 실질적 법치국가에서 볼 수 있는 바와 같이 개인의 자유의 안전을 제1차적 목적으로 하고, 평화질서의 확립은 이 개인의 자유를 안전하게 보장하기 위한 수단으로 파악되는 국가이다.

Hobbes의 안전국가는 이 후자의 카테고리(Kategorie)에 속하는 안전국가이다. 따라서 평화질서를 유지하기 위한 '법률'이라는 것도 그에게는 인간의 자유를 안전하게 보장하기 위하여 존재한다.

법률을 제정·공포하는 것은 행동을 제한하려는 것 외의 아무것도 아니다. 그 제한 없이는 평화는 불가능하다. 이 세상에서 법이라고 하는 것은 결국 개인의 자연적 자유를 제한하기 위하여 만들어진 것이다. 그렇게 함으로써 각 개인은 서로서로 상대방을 해치지 않게 되고 오히려 서로서로 돕게 되는 것이다.[10]

---

9 W. Maihofer, *Rechtsstaat und menschliche Würde*, S. 106 이하(심재우 역, 『법치국가와 인간의 존엄』, 124면 이하).

10 T. Hobbes, *Leviathan*, chap. 26, p. 246.

국가의 법률이란 것은 국민이 원하는 행동을 하는 것을 억압하는 데 그 목적이 있는 것이 아니라 그들을 인도하는 데 그 목적이 있다. 즉 법률은 인간들이 자신들의 과도한 욕망과 성급함 그리고 무사려無思慮 등으로 인하여 서로서로 해치지 않도록 인도하는 데 있다. 그것은 마치 나무 울타리가 산책하는 사람들의 발걸음을 멈추게 만들기 위하여 심어진 것이 아니고 오히려 그들의 길잡이를 하기 위하여 심어진 것과 마찬가지이다.[11]

위의 설명에서 알 수 있듯이, Hobbes의 안전국가의 법질서는 한마디로 말하면 자유의 한계를 안전하게 보장하려는 데 그 목적이 있다. 이러한 관점으로부터 바라볼 때, '평화'라는 것은 각자의 자연적 자유의 한계가 명시되어 그것이 법률로써 안전하게 보장된 상태를 가리켜 말하는 것이다. 따라서 Hobbes의 법질서는 자유를 희생시키고 평화를 그 대가로서 얻는 전체주의적 법질서가 아니라 자유의 보장을 목적으로 하는 법치국가적 법질서이다. 이렇게 Hobbes의 법질서 사상을 이해한다면 그는 결코 권력국가의 사상가가 아니라 법치국가 사상가임에 틀림없다.[12] 왜냐하면 각자의 자연적 자유를 제한하여 서로 충돌되지 않도록 그 한계를 법으로 확정하여 제한된 법적 자유를 보장하는 것이 Hobbes의 안전국가의 법질서 사상이라면, 각자의 자연적 자유가 자유의 일반법칙에 따라 서로 충돌되지 않도록 양립할 수 있는 조건의 총체를 법개념으로 이해한 Kant의 자유국가의 법질서 사상과 아무것도 다를 것이 없기 때문이다. Kant의 자유국가와

---

11 T. Hobbes, op. cit., chap. 30, p. 304; *Vom Menschen Vom Bürger*, Kap. 13, Art. 15, S. 214.
12 W. Maihofer, a. a. O., S. 106, 110(심재우 역, 앞의 책, 124-125면, 129면).

Hobbes의 안전국가는 그 법질서의 구성원칙이 똑같다. 다만 Kant는 '자유'로부터 출발하였고 Hobbes는 '안전'으로부터 출발하였다는 차이가 있을 뿐이다. 결국 Hobbes는 Kant의 자유국가의 법질서를 그 이면裏面에서 안전국가의 관점에서 바라보았던 것이다.

그러므로 우리가 인간을 목적으로 하는 실질적 법치국가로부터 출발한다면, 그것을 자유국가의 측면에서 바라보든 안전국가의 측면에서 바라보든, 언제나 자유를 안전에 우선시키는 가치서열의 원칙에 이르게 마련이다. 그러나 이 자유 우선의 원칙은 자유를 상위의 가치 또는 제1차적 가치로 파악하고 안전은 하위의 가치 또는 제2차적 종속가치로 자리매김하는 것을 뜻하는 것은 아니고, 단지 안전을 자유의 목적을 위한 수단으로 이해한다는 데 있다.[13] 물론 안전 없이 자유가 존재할 수 없다는 의미에서 안전은 자유의 전제조건을 이루고 있지만, 그 반대로 자유가 안전의 전제조건일 수는 없다. 왜냐하면 자유 없는 안전질서는 '존엄하고', '자유로운' 인간존재를 보호하는 질서로서는 무의미하기 때문이다. 인간은 그의 자유를 통하여 자신을 인간으로 만드는 **창조적 안전질서**를 필요로 하는 것이지 그러한 자유를 희생시키는 '노예적 안전질서'를 필요로 하는 것은 아니다. 따라서 Hobbes의 법치국가로서의 안전국가는 자유를 위하여 안전질서와 평화질서를 마련하고, 이를 통해 인간이 인간답게 자신을 보존하고 발전시킬 수 있도록 인간의 목적을 위하여 봉사하는 국가이다. "지배는 평화를 위하여 마련되었고, 평화는 국민의 복지를 위하여 봉사한다"라는 그의 간결한 표현은 바로 이것을 두고 하는 말이다.

---

13 W. Maihofer, a. a. O., S. 119(심재우 역, 앞의 책, 139면).

Kant도 Hobbes와 같이 평화철학자이다. 그러나 그는『영구평화론』에서 실은 영구평화상태를 그린 것이 아니라 **영구자유상태**를 그렸다. '평화'라는 개념은 그에게도 그 자체 자기목적을 가지고 있는 것이 아니었으며 그것은 자유를 보장하기 위한 하나의 수단에 지나지 않았다. 다음 구절이 이를 확인시켜 준다.

이 국제연맹은 결코 어떤 한 국가에 힘을 독점시키려는 것이 아니라 오로지 자국 및 타 연맹국의 **자유**를 안전하게 유지하려는 데 그 목적이 있다.[14]

그러므로 Kant의 이른바 '영구평화'는 "자유의 공동묘지 위에 세워진 생명 없는 고요한 전제주의(seelenloser Despotismus)", 즉 '세계군주제(Universalmonarchie)'에 의하여 확립되는 것이 아니라 자유롭고 평등한 주권국가들로 연합된 국제연맹의 '연방주의(Föderalismus)'에 의해서만 실현될 수 있다고 한다.[15] 이렇게 Kant에서는 '자유의 일반법칙'에 따른 질서원칙은 국내적 '시민헌법'뿐만 아니라 국제적 '세계시민헌법'에서도 자유를 목적으로 하는 자유국가의 구성원리로 되어있으며 안전을 목적으로 하는 안전국가의 구성원리로 되어 있지 않다. 그가 영구평화질서의 모델로서 하나의 세계정부를 택하지 않고 연맹의 연방제를 추천한 까닭은 하나로 확립된 최강의 세계정부가 세계시민헌법의 구성원리를 무시하고 독재적으로 지배하게 되면, 이에 대하여 약소국은 속수무책일 뿐만 아니라 오히려 연방제에 의한 상호

---

14 I. Kant, *Zum ewigen Frieden*, S. 211.
15 I. Kant, a. a. O., S. 225 이하.

견제를 통한 자유상태의 보존보다 ― 자연은 이 상태를 바란다고 한
다 ― 더 악화된 상태를 감수하지 않을 수 없을 것이라는 데 있다.[16]

Kant의 눈에는 인류의 역사가 수천 년을 내려오면서 계속하고 있
는 전쟁은 이 세계시민헌법의 구성원리에 따른 영구자유상태를 지구
상에 확립하기 위한 자기 노력 이외의 아무것도 아니다. 영구자유상
태를 확립하기 위한 평화파괴행위가 다름 아닌 전쟁의 역사철학적 의
미이다. 평화파괴를 통하여 평화를 확립하고자 하는 전쟁이라는 이
자기모순적 수단은 인류의 역사에서 하나의 패러독스한 현상이지만,
전쟁이 없이 고요하고 평화롭되 한 국가가 다른 국가에 의하여 주권
적 자유를 박탈당하고 정복상태나 식민지상태에 놓여 있는 것은
Kant가 말하는 '영구평화상태'는 아니며 **'잠정적 휴전상태**(vorläufiger
Waffenstillstand)'에 지나지 않는다.[17] 이 상태에서는 영구자유상태를
위하여 그 상실된 주권성을 회복하기 위한 해방전쟁이 언제 다시 터
질지 알 수 없기 때문이다. 이러한 자유 없는 평화상태를 가리켜 그는
'**가장된 평화**(scheinbarer Friede)', 즉 '가짜 평화'라고 말하며, 그것을
'진정한 평화(echter Friede)', 즉 '진짜 평화'와 구별한다. 이 '자유 없
는 평화'와 '자유 있는 평화'는 단순히 두 개의 종류가 다른 평화개념
을 의미하는 것이 아니라 마치 물과 불과 같은 정반대의 개념이다. 우
리는 모든 평화교란이 '평화파괴'를 뜻하는 것이 아니고 자유 없는 평
화의 교란은 오히려 진정한 평화를 확립하기 위한 움직임이라는 것을
간과해서는 안 된다. 모든 정당한 방어전쟁과 해방전쟁은 평화를 파

---

16 I. Kant, a. a. O., S. 225 이하.
17 I. Kant, a. a. O., S. 196, 218f, 251.

괴하기 위하여 수행하는 것이 아니라 '진정한 평화'를 쟁취하기 위하
여 수행하는 것이다. 이와 마찬가지로 모든 정당한 저항권의 행사도
진정한 평화를 파괴하고 있는 것이 아니라 자유 없는 가짜 평화상태
를 배제하고 자유 있는 진짜 평화상태를 획득하기 위하여 투쟁하는
것이다. 저항권은 결코 '평화의 적敵'이 아니다.

대체로 독재체제하에서는 완벽한 평화와 완벽한 법적 안정성이 주
어져 있다. 독재자의 폭군적 통치하에서 시민들이 죽은 듯이 숨을 죽
이고 있는 이 고요한 평화상태를 깨지 않기 위하여 저항해서는 안 된
다고 하는 주장, 즉 저항권은 불가피하게 혼란과 내란과 시민전쟁을
불러일으킬 위험이 있을 뿐만 아니라 "남겨져 있는 신神의 보존질서
의 마지막 잔여殘餘" 또는 "남겨져 있는 공동체 존속의 마지막 지붕"을
파괴할 위험이 있으므로 저항권을 허용해서는 안 된다고 하는 주장을
우리는 어떻게 받아들여야 할 것인가?

자유 없는 평화와 안전의 질서를 위하여 폭군에 대한 저항권을 부
인하고자 하는 사람은, Locke의 표현을 빌린다면, "마치 산적이나 해
적을 만난 사람에게 무질서와 평화파괴와 유혈을 피하기 위하여 그들
에 대해 저항을 해서는 안 된다고 주장하는 것과 마찬가지이다. 도대
체 폭력과 약탈만으로써 이루어지는 평화, 따라서 탄압하는 자와 약
탈자만의 이익을 위하여 유지되어야 할 평화가 이 세상에서 어떤 의
미를 지녀야 하는가? 그렇다면 양이 늑대에게 저항 없이 그의 목덜미
를 물게 내밀었을 때 강자와 약자 사이에 멋진 평화가 존재한다고 보
지 말아야 할 사람이 누가 있겠는가!"[18] 저항권을 부인하는 사람들의

---

[18] J. Locke, *Two Treatises of Government*, II, chap. 19, § 228, p. 435.

한결같은 주장근거는, 그것은 평화를 파괴하고 법적 안정성을 해친다는 것이다. 그러나 그 평화가 '자유 없는 공동묘지의 평화'이고, 그 법적 안정성이 법을 안정시키는 것이 아니고 오히려 불법을 안정시키는 '불법적 안정성'이라면 그것은 ― 우리 인간이 노예로 남기를 바라지 않는다면 ― 파괴의 대상이지 보존의 대상은 아니다. Rousseau의 말을 빌린다면, "지하 감옥에 갇혀 있는 자는 조용한 평화 속에서 살고 있다. 외눈박이 거인(Zyklopen)의 동굴에 갇혀 있는 그리스인들은 그들이 삼켜질 차례가 올 때까지 마찬가지로 깊은 평온 속에서 살았었다. 거기에서 기분 좋게 평안하게 살 수 있었다면 만족해야 할 것이 아니겠는가?"[19]

다른 한편 저항권은 폭군에 의한 불법상태보다 더 나쁜 무법상태를 야기하므로 허용될 수 없다는 주장이 있다.

Thomas Aquinas는 "국민의 다수가 폭정으로 인하여 받는 해악보다 더 큰 해악을 저항의 소용돌이 속에서 입게 되는 것과 같은 그러한 방법으로 폭정에 대하여 무질서하게 공격이 가해져서는 안 된다"[20]라고 한다. 교부철학자인 그의 권위를 좇아 오늘날 많은 학자가 무법상태의 악마는 불법상태의 악마보다 더 큰 화禍를 불러일으킨다는 견해를 피력하고 있다.

신新 스콜라철학자인 Messner는 말한다. "모든 종류의 폭력적 저항투쟁과 혁명은 경험에 의하면 국가권력의 남용으로부터 오는 해악보다 비교도 될 수 없을 만큼 더 큰 해악을 공공복리에 가져온다. 시민

---

19 J. J. Rousseau, *Der Gesellschaftsvertrag(Du Contrat Social)*, I, 4, S. 35.

20 Thomas von Aquin, *Summa theologica*, II. 2, Qu. 42, Art. 2, S. 109; II. 2, Qu. 69, Art. 3. 258; *Über die Herrschaft der Fürsten(De regimine principum)*, I, 6, S. 37.

전쟁은 대부분 정부에 의한 권력남용보다 더 큰 불행을 공동체에 가져온다."[21]

Verdroß도 같은 뜻의 말을 한다. "평화와 질서를 확립하는 것이 국가의 최고의 목표이다. 이 목표는 폭력적 저항이 행하여질 때 결코 간과되어서는 안 된다. 이러한 이유에서 공동체의 권위에 도전하는 경우에도 그 저항행위가 더 나은 사회상태를 가져올 수 있는 근거 있는 기대가능성이 있을 때만 폭력을 사용하는 것이 허용된다. 왜냐하면 두 개의 해악 가운데 항상 더 작은 해악을 선택하는 것이 자연법의 원칙이기 때문이다."[22]

Pribilla도 성공의 기대가능성과 비례성의 원칙을 저항권의 전제조건으로 제시한다. "폭력적 저항은 성공한다는 도덕적·이성적 확실성이 있어야 한다. 왜냐하면 공공복리의 최고원리를 고려할 때 해악을 감소시키는 대신 그것을 증가시키는 어떠한 행위도 시도되어서는 안 되기 때문이다. 국가의 조직체계에 대하여 깊은 상처를 주는 공격행위는 공공질서의 파괴를 최소한도에 머물도록 제한하여야 한다. 그렇게 함으로써 하나의 악마가 이보다 더 악한 다른 악마에 의하여 교체되지 않도록 해야 한다. 즉 국민을 폭정상태로부터 무정부상태로 옮겨 놓지 않도록 해야 한다."[23]

Thomas Aquinas를 비롯하여 신新 스콜라학파에 속하는 학자들에 의하여 제시되고 있는 저항권행사의 전제조건들을 요약하면, 성공 가능성이 있어야 하고, 비례성의 원칙에 맞아야 하고, 무정부상태

---

21 J. Messner, *Das Naturrecht*, S. 694.
22 A. Verdroß, *Abendländische Rechtsphilosophie*, S. 281.
23 M. Pribilla, *Deutsche Schicksalsfragen*, S. 303 이하.

가 폭정상태보다 더 나쁜 상태이므로 폭력적 저항은 피하여야 한다는 것이다.

이러한 주장들은 사실상 저항권의 실행을 불가능하게 하는 것이나 다름없다. 먼저 저항권의 발동을 성공 가능성과 비례의 원칙이라는 전제조건에 구속하는 경우를 살펴보자. 이 전제조건은 종종 형법상의 정당방위의 성립요건으로 검토되는 것이지만, 형법적 도그마에 의하더라도 이 요건을 정당방위의 전제조건으로 받아들이는 것은 거부된다. 정당방위의 정신은 "법은 불법에 양보할 수 없다"라는 것인데, 성공 가능성과 비례의 원칙은 법이 불법에 양보하는 것이나 다름없기 때문이다. 왜냐하면 성공 가능성이 있을 때만 정당방위를 할 수 있게 한다면 실패한 정당방위는 정당방위권의 실행으로 인정하지 말아야 할 것이며, 또한 방어법익이 방어행위로 침해될 공격자의 법익보다 작은 것일 때에는 방어권을 포기해야 할 것이다. 이러한 결론은 "법은 불법에 양보할 수 없다"라는 정당방위의 정신에 어긋나는 것이다. 저항권의 정신도 법적으로는 이 정당방위권의 정신과 같다. 그러나 저항권은 정당방위의 경우와 같이 그 결과의 측정이 그렇게 간단하지 않다. 미쳐 버린 'Leviathan'에 도전하는 저항이 성공할 것인지를 사전에 어떻게 예측할 수 있을 것이며, 또한 전 국민이 국가의 탄압에 의하여 집단적으로 노예화된 마당에 무엇을 이에 버금가는 비례의 조건으로 내놓으란 말인가!

저항권 불가론 주장의 두 번째 논거는 무법의 자연상태는 불법의 자연상태보다 더 크고, 더 나쁘고, 더 공포스러운 해악을 우리 인간에게 가져다준다는 것이다. 물론 무법의 자연상태는 질서론적으로는 하

185

나의 해악임에 틀림없다. 그러나 그것이 불법의 자연상태보다 더 나쁜 상태라는 주장에 우리는 동의할 수 없다. 우리는 오히려 그 반대로 불법의 자연상태가 무법의 자연상태보다 인간에 대하여 더 나쁜 상태라고 본다. 왜냐하면 인간의 존엄은 무법의 자연상태에서 침해되기보다는 오히려 불법의 자연상태에서 침해되기 때문이다. 양 상태가 우리 인간에 대하여 갖는 의미는 불법의 자연상태는 자유 없는 상태이고 무법의 자연상태는 안전 없는 상태이다. 자유질서와 안전질서의 관계가 어느 것이 목적이고 어느 것이 수단이 되어야 할 것인지는 이미 위에서 충분히 검토한 바 있다. 특히 자유 없는 인간은 이미 인간이 아닌 비인간非人間으로 전락하기 때문에 자유질서가 안전질서보다 항상 우선한다는 것을 이미 확고한 원칙으로 확인하였다.

Ⅲ. 계몽주의와 저항권

우리는 모든 질서 영역에서 안전보다 자유를 우선시키는 질서원칙을 확립하는 것만으로 만족할 수는 없다. 우리는 더 나아가서 마지막으로 자유보다 인간의 존엄을 우선시키는 질서원칙을 확정하지 않으면 안 된다. 안전이 자유의 목적을 위한 수단인 것처럼 여기서는 자유가 인간존엄의 목적을 위한 수단이 되어야 한다는 것이다. 그럼으로써 저항권의 최종 근거는 자유를 넘어서 인간존엄 자체에 뿌리 박혀 있음을 확인해야 할 것이다.

계몽주의자 Kant에게는 자유의 일반법칙에 따라 평등한 자유의 질서를 시민적 헌법과 세계시민적 헌법으로 확립함으로써 해결되어야 할 문제는 단순한 질서의 문제도 아니었고 자유의 문제도 아니었고 바로 인류에 대한 최대의 문제, 즉 인간성人間性의 계발啓發에 대한 문제였다. 그리고 자연이 이 문제의 해결을 인류에게 강요하고 있다고 한다.[24] 이처럼 자유의 일반법칙에 따른 질서의 확립은 단순히 자유의 가치를 실현하는 데 그 목적이 있었던 것이 아니고 그 자유를 수단으로 하여 인간을 존엄한 존재로 만들어나가는 계몽을 가능하게 하기 위함이었다.

우리는 그의 『세계시민적 의도에서 바라본 보편사의 이념』에서 전 인류가 그들의 삶을 '존엄하게' 영위할 수 있는 하나의 '인류국가 (Menschheitsstaat)'의 획립을 기약하는 절규를 들을 수 있다.

목적 없는 자연상태가 우리에게 지금까지 행한 바가 무엇인가: 그것은 우리 인간이 가진 자연적 소질(즉 인간성)을 후퇴시켰다는 점이다. 이러한 불행을 통하여 인류는 자연상태에서 벗어나서 그들의 모든 자연적 소질이 싹틀 수 있는 시민헌법상태로 들어설 것을 강요받았다. 그러나 이렇게 하여 이미 성립된 국가들도 그들의 야만적인 자연적 자유를 자제하지 않음으로써 이전의 자연 상태가 행하였던 것과 똑같은 잘못을 저지르고 있다. 다시 말하면, 국가의 모든 힘을 상호 간의 전쟁 준비를 위하여 사용하도록 강요당함으로써 인간의 자연적 소질을 지속적으로 완전히 전개해 나가는 것을 방해하고 있다.[25]

---

24 I. Kant, *Idee zu einer allgemeinen Geschichte in weltbürgerlicher Absicht*, S. 39, 45.
25 I. Kant, a. a. O., S. 44.

이처럼 Kant의 역사철학적 의미는 '인간의 계몽'에 있었다. 그에게 "계몽이란 인간이 그의 정신적 미성숙상태에서 벗어나는 것이다."[26] 그의 계몽주의적 인간관에 의하면 인간은 태어날 때부터 인간인 것은 아니고 동물로 태어난 자기를 살아가면서 인간으로 만들어나간다고 한다. 이렇게 인간을 동물적 존재로부터 인간적 존재로 해방하는 인간화 작업을 그는 '계몽(Aufklärung)' 또는 '계발(Kultur)'이라고 한다. 그러면 인간은 어떠한 수단을 사용하여 자신을 인간존재로 계몽시켜 나갈 것인가? Kant에 의하면 그것은 '이성능력'이다. 인간은 신神이 부여한 이 이성능력을 사용하여 자신을 비로소 이성적 존재로 만든다고 한다. 그런데 이 이성능력은 인간이 하나의 동물로서 가지고 있는 본능을 훨씬 능가하는 목적정립적 창조능력으로서 그 기획력企劃力은 한계를 모른다고 한다.[27] 따라서 '계몽의 역사성'의 의미는, 인류의 역사란 인간이 그 '한계를 모르는' 이성능력을 사용하여 자신을 단순한 본능적 존재로부터 더 이성적이고, 더 도덕적인 존재로 해방해나가는 의미를 지닌 '영원한 시간의 흐름'이다. 한마디로 말하면, '인간의 인간화', 즉 '계몽'이 Kant의 역사철학적 의미이다. 이를 위하여 두 가지 조건을 충족시켜야 하는데, 하나는 내적으로 자신을 교육하는 일이고 다른 하나는 외적으로 자유의 법질서를 확립하는 일이다. 그의 평등한 자유의 질서원칙에 따라 '시민적 헌법'과 '세계시민적 헌법'을 확립하는 일은 바로 이 계몽의 전제조건인 '자유의 법질서'를 마련하는 데 있다. 그러나 우리가 그 속에서만 계몽할 수 있는 이 '자유의 집'이

---

26 I. Kant, *Beantwortung der Frage: Was ist Aufklärung?*, S. 362.

27 I. Kant, *Idee zu einer allgemeinen Geschichte in weltbürgerlicher Absicht*, S. 35.

아직 우리 지구상에 마련되어 있지 않기 때문에 아직도 계몽은 방해
받고 있다는 것이다.

우리는 지금 계몽된 시대에 살고 있는가? 아니다. 우리는 아직도 계몽되어
가는 시대에 살고 있다.[28]

우리는 예술과 학술을 통하여 고도로 '문화화'되어 있다. 우리는 모든 사교
적 예법에서 귀찮을 정도로 '문명화'되어 있다. 그러나 우리가 이미 '도덕화'되
어 있다고 생각하기에는 아직도 너무나 먼 거리에 있다. 왜냐하면 도덕성의 이
념은 아직도 계발단계에 놓여 있기 때문이다.[29]

도덕적으로 선善한 의지에 기초하지 않은 모든 선은 위선이며 악惡의 불행
에 다름 아니다. 인류는 내가 말한 그 상태에 이르기까지는, 즉 인류가 대내외
적으로 법 없는 자연상태에서 벗어나서 언젠가는 한번 그 속에서만 자연이 인
류에게 부여한 모든 자연적 소질의 싹들이 완전히 움터서 전개됨으로써 그들
이 인간존재로서의 규정을 이 지구상에서 충족시킬 수 있는, 법이 지배하는 법
상태에 이르기까지는 아마도 인류는 이 야만적인 자연상태에 머물러 있게 될
것이다.[30]

이러한 Kant의 질서 철학에는 자유 이상의 것이 문제가 되고 있음
이 분명하다. 의심할 여지 없이 거기에는 인간의 인간성을 계발하여

---

28 I. Kant, *Beantwortung der Frage: Was ist Aufklärung?*, S. 59.
29 I. Kant, *Idee zu einer allgemeinen Geschichte in weltbürgerlicher Absicht*, S. 44.
30 I. Kant, a. a. O., S. 39, 45, 49.

인간존재로 만들어나가는 계몽의 조건이 문제가 된다. 인간은 창조된 자신을 재창조하여 인간존재로 완성할 수 있는 능력과 책임을 지닌다는 점에서 인간의 존엄성이 깃들어 있는 것이라면, 그의 질서철학의 핵심적 목적가치는 바로 인간의 존엄 그 자체이다. 이렇게 Kant에서 자유는 인간의 존엄을 가능하게 만드는 도구 또는 수단이지 자유 그 자체가 자기목적은 아니다. 자유 없이는 인간은 존엄한 존재로 될 수 없지만, 그 자유를 위하여 인간의 존엄이 존재하는 것은 아니다. 오히려 양자의 목적-수단의 관계는 그 반대이다. 이로써 자유보다는 인간의 존엄을 목적가치로 우선시키는 질서원칙이 확립된다. "인간이 목적 자체로서 실존할 수 있는" 이 실존의 질서상태는 가능한 모든 수단·방법을 동원하여 마련되지 않으면 안 된다. 법을 통해서뿐만 아니라 그것이 불가능하면 힘을 통해서라도 그 인간다운 질서상태는 우리 인간세계에 마련되어야 한다. 인간은 어떠한 수단에 의하든지 그가 인간이기를 포기하지 않는 한 이 질서과제를 포기할 수 없는 것이다. 인류 역사의 진행 과정에서 신神의 '창조의 여백'을 메워 나가게끔 운명지어져 있는 인간 존재에게는 이 질서과제의 해결은 자기 자신에 대한 의무이다.

  이처럼 인간 역사의 철학적 의미를 규정한다면, 우리에게 저항권이란 이러한 의미를 지닌 역사 진행에 대한 참여의 개념으로, 특히 그 역사 진행을 거꾸로 후퇴시키는 것을 가로막고 나서는 참여의 개념으로 이해될 수 있을 것이다. 이러한 관점에서 이해한다면, 저항권은 그의 궁극적인 정당화 근거를 인간 역사의 의미 자체에서 발견해야 할 것이다. Kant는 다시 말한다.

자연의 전체적 체계에서 바라볼 때 이 지상의 피조물 중의 하나인 인간은 결
코 대단한 존재가 아니다. 자연의 전능한 힘에 비하여 볼 때도 인간은 하나의 왜
소한 존재에 불과하다. 그러나 이 인간이 그의 통치자들에 의하여 마치 동물과
같이 그들의 목적을 위한 단순한 도구로서 취급되는 것은 결코 대수롭지 않은
작은 일이 아니라 창조의 종국목적 자체를 거꾸로 역행시키는 것이다.[31]

저항권의 기능은 이러한 역사의 역행을 다시 되돌려 올바른 방향으
로 나갈 수 있도록, 즉 인류의 역사가 그 '창조의 종국목적'으로 향하
여 진행할 수 있도록 해야 할 과제를 충족시키지 않으면 안 된다. 바로
이러한 관점에서 볼 때 저항권의 정신은 단순히 자유의 정신과 일치
하는 데 그치지 않고,[32] 이를 넘어서 더 깊은 곳에서 인간존엄의 정신
과 일치하고 있음을 확인할 수 있다.[33]

---

31 I. Kant, *Der Streit der Fakultäten*, S. 362.

32 W. Kägi, "Probleme des Rechtsstaates", S. 913: "저항권의 정신은 자유의 정신과
일치한다."

33 이미 위에서 살펴본 바와 같이, Kant는 '실정법적 저항권'을 법논리적 모순을 이유
로, 그리고 폭력적 저항을 무정부상태의 혼란을 이유로 단호히 거부하였다. 그러
나 아이러니하게도 그는 '자연법적 저항권'에 관한 정당화 근거를 인간존엄의 사
상으로부터 논리정연하게 도출한 유일한 철학자라는 것을 잊어서는 안 될 것이다.
　Kant의 저항권론을 철저하게 연구한 Hänsel은, Kant에서 저항권은 직접적으
로 '인간성의 신성한 권리'로부터 정당화된다고 타당하게 지적하고 있으며
(W. Hänsel, *Kants Lehre vom Widerstandsrecht: Ein Beitrag zur Systematik der
Kantischen Rechtsphilosophie*, S. 56), 또한 프랑스 혁명에 대한 Kant의 열렬한 지지
도 혁명 그 자체에 있었던 것이 아니고 오로지 인권을 위한 투쟁의 도덕적 이념
의 힘이 거기에 있었기 때문이었다고 한다(a. a. O., S. 61), 만일 우리가 Kant의 이
러한 근본 입장에 따라서 자연법적 저항권을 인정하지 않을 수 없다면, 보통 그
를 피상적으로 '저항권 반대론자(Widerstandsgegner)'라고 단정하기보다는 오히
려 '저항권을 정당화한 자(Widerstandsbegründer)'라고 말하여야 할 것이다.
Kant의 저항권에 관한 이러한 의미에서의 연구로는 K. Vorländer, "Kants
Stellung zur Französischen Revolution", S. 247 이하, 265 이하 참고.

참고문헌

- Améry, Jean, "Das Jahrhundert ohne Gott", in: *Vorgänge*, 1968.
- Angermair, Rupert, "Widerstandsrecht", in: *Staatslexikon*, Bd. VIII, 6. Aufl., Freiburg 1963.
- ders., "Moraltheologisches Gutachten über das Widerstandsrecht nach katholischer Lehre", in: *Die im Braunschweiger Remerprozeß erstatteten moraltheologischen und historischen Gutachten nebst Urteil*, hrsg. von Herbert Kraus, Hamburg 1953.
- Arndt, Adolf, "Agraphoi Nomoi(Widerstand und Aufstand)", in: *NJW*, 1962.
- ders., "Grundfragen des Verfassungsrechts", in: *SJZ*, 1946.
- Arnot, Alexander, *Widerstandsrecht*(jur. Diss., Hamburg), 1966.
- Bäumlin, Richard, *Die rechtsstaatliche Demokratie*, Zürich 1954.
- Barzel, Rainer, "Das heiligste aller Rechte", in: *Deutsche Rundschau*, 1951.
- Bauer, Fritz, "Widerstandsrecht und Widerstandspflicht des Staatsbürgers", in: *Widerstandsrecht*, hrsg. von Arthur Kaufmann, Darmstadt 1972.
- ders., "Ungehorsam und Widerstand in Geschichte und Gegenwart", in: *Vorgänge*, 1968.
- Becker, Walter G., "Der richterliche Widerstand", in: *SJZ*, 1947.
- Bertram, Karl Friedrich, *Widerstand und Revolution*, Berlin 1964.
- ders., "Berufung auf das Widerstandsrecht im unbeteiligten Staat", in: *Goltdammer's Archiv für Strafrecht*, 1967.
- Bezold, Friedrich von, "Die Lehre von der Volkssouveränität während

des Mittelalters", in: *Historische Zeitschrift*, Bd. 36, 1876.

— Bloch, Ernst, *Naturrecht und menschliche Würde*, Frankfurt 1961.

— ders., *Widerstand und Friede; Aufsätze zur Politik*, Frankfurt 1968.

— Blume, Werner, *Vom Widerstandsrecht gegen verfassungswidrige Gewalt*(jur. Diss., Marburg), 1949.

— Bluntschli, Johann Kasper, *Allgemeines Staatsrecht*, Bd. II, 6. Aufl., Stuttgart 1965(Neudruck der Ausgabe Stuttgart 1885). :

— ders., "Gehorsam und Widerstand", in: *Deutsches Staatswörterbuch*, Bd. IV, hrsg. von J. K. Bluntschli und R. Brater, Stuttgart und Leipzig 1859.

— Böckenförde, Christoph, "Die Kodifizierung des Widerstandsrechts im Grundgesetz", in: *JZ*, 1970.

— Bohatec, Josef, *Calvin und das Recht*, Feudingen in Westfalen 1934.

— Borch, Herbert von, *Obrigkeit und Widerstand; Zur politischen Soziologie des Beamtentums*, Tübingen 1954. :

— ders., "Obrigkeit und Widerstand", in: *Vierteljahrshefte für Zeitgeschichte*, 1955.

— ders., "Das überflüssige Widerstandsrecht", in: *Frankfurter Allgemeine Zeitung* vom 28. 3. 1955.

— Brinkmann, Carl, *Soziologische Theorie der Revolution*, Göttingen 1948.

— Brunner, Emil, "Das Menschenbild und Menschenrechte", in: *Universitas*, 2. Jg., 1947.

— Cardauns, Ludwig, *Die Lehre vom Widerstandsrecht des Volkes gegen die rechtmäßige Obrigkeit im Luthertum und Calvinismus des 16. Jahrhunderts*(phil. Diss., Bonn), 1903.

— Doehring, Karl, "Das Widerstandsrecht des Grundgesetzes und das über positive Recht", in: *Der Staat*, Bd. 8, 1969.

— Dohna, Alexander Graf zu, *Die Revolution als Rechtsbruch und Rechtsschöpfung*, Heidelbert 1923.

— Dreier, Ralf, "Widerstandsrecht im Rechtsstaat?", in: *Recht und Staat im Wandel*(*Festschrift für Hans Ulrich Scupin zum 80 Geburtstag*), hrsg. von Norbert Achterberg, Werner Krawietz, Dieter Wyduckel, 1983.

‒ Dürig, Günter, "Die Menschenauffassung des Grundgesetzes", in: *Juristische Rundschau*, 1952.

‒ ders., "Einführung", in: *Grundgesetz*, 6. Aufl.(dtv‒Beck‒Texte), München 1968.

‒ Ebbinghaus, Julius, *Zu Deutschlands Schicksalswende*, Frankfurt 1947.

‒ ders., "Positivismus ‒ Recht der Menschheit ‒ Naturrecht ‒ Staats‒ bürgerrecht", in: *Naturrecht oder Rechtspositivismus?*, hrsg. von Werner Maihofer, Darmstadt 1966.

‒ Emge. Carl August, "Über den Charakter der Geltungsprobleme in der Rechtswissenschaft(1)", in: *Archiv für Rechts‒ und Wirtschafts- philosophie*, Bd. XIV, 1920/1921.

‒ Erdsiek, Gerhard, "Zur Naturrechtstagung der Internationalen Juristen- kommission ‒ aktives und passives Widerstandsrecht", in: *NJW*, 1962.

‒ Erhard, Johann Benjamin, *Über das Recht des Volkes zu einer Revolution*, 2. Aufl., hrsg. von Hellmut G. Haasis, München 1970(Neudruch der Ausgabe Jena und Leipzig 1795).

‒ Even, Bert, *Das Widerstandsrecht des Staatsbürgers*(jur. Diss., Köln), 1951.

‒ Fechner, Erich, "Gewaltanwendung und Gewaltüberwindung als Notwende im Recht; Ein soziologischer Beitrag zur Frage des Friedens", in: *Zeitschrift für die gesamte Staatswissenschaft*, 1954.

‒ Fehr, Hans, "Das Widerstandsrecht", in: *Mitteilungen des Institutes für österreichische Geschichtsforschung*, Bd. 38, Innsbruck 1920.

‒ Fetscher, Iring, "Einleitung", in: *Leviathan*, hrsg. von Iring Fetscher, Neuwied und Berlin 1966.

‒ Fichte, Johann Gottlieb, *Beitrag zur Berechtigung der Urteile des Publikums über die Französische Revolution*, hrsg. von Reinhard Strecker, Leipzig 1922(Neudruck der Ausgabe 1793).

‒ ders., *Grundlage des Naturrechts nach Prinzipien der Wissen- schaftslehre*(Philosophische Bibliothek, Bd. 256), Hamburg 1960.

- Geiger, Willi, *Gewissen, Ideologie, Widerstand, Nonkonformismus*, München 1963.
- Gerstenmaier, Eugen, "Widerstandsrecht und Widerstandspflicht", in: *Evangelisches Staatslexikon*, Stuttgart 1966.
- Gierke, Julius von, *Widerstandsrecht und Obrigkeit, Gedanken anläßlich des Falles "Schlüter"*, Stuttgart 1956.
- Gierke, Otto von, *Johannes Althusius und die Entwicklung der naturrechtlichen Staatstheorien*, 6. Aufl., Aalen 1968(Neudruck der Ausgabe der 4. Auflage Breslau 1929). :
- ders., *Grundbegriffe des Staatsrechts*, Tübingen 1915.
- Groß, Werner, "Die Entwicklung des öffentlichen Rechts", in: *DVBl*, 1955.
- Grundmann, Siegfried, "Widerstandsrecht und Widerstandspflicht", in: *Evangelisches Staatslexikon*, 1966.
- Hänsel, Werner, *Kants Lehre vom Widerstandsrecht; Ein Beitrag zur Systematik der Kantischen Rechtsphilosophie*, Berlin 1926.
- Hartmann, Nicolai, *Das Problem des geistigen Seins*, 3. Aufl., Berlin 1962.
- Hesse, Konrad, *Grundzüge des Verfassungsrechts der Bundesrepublik Deutschland*, 4. Aufl., Karlsruhe 1970.
- Heydte, Friedrich August Freiherr von der, "Widerstand und Opposition im modernen Verfassungsbild", in: *Perennitas(P. Thomas Michels OSB zum 70. Geburtstag)*, hrsg. von Hugo Rahner SJ und Emmanuel von Severus OSB, Münster 1963.
- ders., "Vom heiligen Reich zur geheiligten Volkssouveränität", in: *Geschichte und Politik*, Heft 19, Laupheim 1955.
- Heyland Carl, *Das Widerstandsrecht des Volkes gegen verfassungswidrige Ausübung der Staatsgewalt im neuen deutschen Verfassungsrecht*, Tübingen 1950.
- Hippel Ernst von, "Zum Problem des Widerstandes gegen rechtswidrige Machtausübung", in: *Die Kirche in der Welt*, 4. Jg., 1951.

− ders., "Das richterliche Prüfungsrecht", in: *Handbuch des Deutschen Staatsrechts*, Bd. II, hrsg. von Gerhard Anschütz und Richard Thoma, Tübingen 1932.

− Hobbes, Thomas, *Leviathan*, edited and abridged with an introduction by John Plamenatz, M. A. 1962(London). :

− ders., *Vom Menschen Vom Bürger*, hrsg. von Günter Gawlick, Hamburg 1959.

− Isensee, Josef, *Das legalisierte Widerstandsrecht*, Berlin und Zürich 1969.

− Iwand, Hans−Joachim/Wolf, Ernst, "Entwurf eines Gutachtens zur Frage des Widerstandsrechts nach evangelischer Lehre", in: *Die im Braunschweiger Remerprozeß erstatteten moraltheologischen und historischen Gutachten nebst Urteil*, hrsg. von Herbert Kraus, Hamburg 1953.

− Jahrreiß, Hermann, *Herrschaft nach dem Maß des Menschen*, Krefeld 1951.

− Jellinek, Georg, *Allgemeine Staatslehre*, 3. Aufl., 6. Neudruck, Darmstadt 1959. :

− ders., *Die Erklärung der Menschen− und Bürgerrechte*, 3. Aufl., München und Leipzig 1919.

− Jhering, Rudolf von, *Der Kampf ums Recht*, hrsg. von der Wissen-schaftlichen Buchgesellschaft, Darmstadt(Unveränderter fotomechanischer Nachdruck der 44. Auflage, Wien 1874: 심재우 역, 『권리를 위한 투쟁』, 박영문고 163, 박영사, 1993).

− Jerusalem, Franz W., "Zum Verfassungsproblem", in: *SJZ*, 1946.

− Jung, Ernst, "Gedanken zum Widerstandsrecht", in: *Aus der Schule der Diplomatie(Festschrift für Peter Pfeiffer zum 70. Geburtstag)*, Düsseldorf und Wien 1965.

− Kägi, Werner, "Probleme des Rechtsstaates", in: *Universitas*, 2. Jg., 1947.

− Kant, Immanuel, *Die Metaphysik der Sitten*, in: *Kant−Werke*, Bd. 7(Ausgabe der Wissenschaftlichen Buchgesellschaft, Darmstadt 1968).

― ders., *Grundlegung zur Metaphysik der Sitten*, in: *Kant―Werke*, Bd. 6.

― ders., *Idee zu einer allgemeinen Geschichte in weltbürgerlicher Absicht*, in: *Kant―Werke*, Bd. 9. :

― ders., *Zum ewigen Frieden*, in: *Kant―Werke*, Bd. 9.

― ders., *Kritik der praktischen Vernunft*, in: *Kant―Werke*, Bd. 6.

― ders., *Beantwortung der Frage: Was ist Aufklärung?*, in: *Kant―Werke*, Bd. 9.

― ders., *Anthropologie in pragmatischer Hinsicht*, in: *Kant―Werke*, Bd. 10. :

― ders., *Über den Gemeinspruch*, in: *Kant―Werke*, Bd. 9.

― ders., *Der Streit der Fakultäten*, in: *Kant―Werke*, Bd. 9.

― ders., *Die Religion innerhalb der Grenzen der bloßen Vernunft*, in: *Kant―Werke*, Bd. 7.

― Kaufmann, Arthur, *Recht und Sittlichkeit*(Recht und Staat 282/283), Tübingen 1964.

― ders., "Martin Luther Kings Botschaft; Gedanken zum Widerstandsrecht", in: *Junge Kirche*, 29. Jg., 1968. :

― ders., "Einleitung", in: *Widerstandsrecht*, hrsg. von Arthur Kaufmann, Darmstadt 1972. :

― ders., *Vom Ungehorsam gegen die Obrigkeit*, 1991.

― Kelsen, Hans, *Die philosophischen Grundlagen der Naturrechtslehre und des Rechtspositivismus*, Berlin und Charlottenburg 1928.

― Kempen, Otto Ernst, "Widerstandsrecht", in: *Kritik der Notstandslage*, hrsg. von Dieter Sterzel, Frankfurt 1968.

ders., "Notstandsverfassung und Widerstandsrecht", in: *Blätter für deutsche und internationale Politik*, 13. Jg., 1968.

― Kern, Fritz, *Gottesgnadentum und Widerstandsrecht im früheren Mittelalter*, 4. Aufl. von Rudolf Buchner, Darmstadt 1967(Unveränderter Neudruck der 2. Auflage von 1954). :

― ders., "Luther und das Widerstandsrecht", in: *Zeitschrift der Savigny*

Stiftung für Rechtsgeschichte, Bd. 37, Kanonische Abteilung, 1916.

— Kipp, Heinrich, *Mensch, Recht und Staat*, Köln 1947.

— Klein, Hans H., "Der Gesetzgeber und das Widerstandsrecht", in: *DÖV*, 1968.

— Krockow. Christian Graf von, *Soziologie des Friedens*, Gütersloh 1962.

— Kröger, Klaus, *Widerstandsrecht und demokratische Verfassung* (Recht und Staat 399), 1971.

— Krüger, Herbert, *Allgemeine Staatslehre*, Stuttgart 1964.

— Künneth, Walter, *Politik zwischen Dämon und Gott*, Berlin 1954.

— ders., *Das Widerstandsrecht als theologisch—ethisches Problem*, München 1954.

— ders., "Obrigkeit und Widerstand", in: *Die politische Meinung*, 1959.

— Laun, Rudolf: "Die heutige Position(Diskussion)", in: *Widerstandsrecht und Grenzen der Staatsgewalt*, hrsg. von Bernhard Pfister und Gerhard Hildmann, Berlin 1956.

— Leicht, Robert: "Obrigkeitspositivismus und Widerstand", in: *Gedächtnisschrift für Gustav Radbruch*, Göttingen 1968.

— ListI SJ, Joseph, "Staatsnotstand und Widerstandsrecht", in: *Stimmen der Zeit*, Bd. 182, 1968.

— Locke, John, *Two Treatises of Government*(a critical edition with an introduction and apparatus criticus), 2. edition by Peter Laslett, Cambridge 1967.

— Maihofer, Werner, *Recht und Sein*, Frankfurt 1954(심재우 역, 『법과 존재 ―법존재론 서설』, 삼영사, 1966).

— ders., *Rechtsstaat und menschliche Würde*, Frankfurt 1968(심재우 역, 『법치국가와 인간의 존엄』, 삼영사, 1996).

— ders., *Vom Sinn menschlicher Ordnung*, Frankfurt 1956.

— ders., *Naturrecht als Existenzrecht*, Frankfurt 1963.

— v. Mangoldt—Klein, *Das Bonner Grundgesetz, Kommentar*, 2. Aufl., Berlin und Frankfurt 1957.

— Mandt, Hella, *Tyrannislehre und Widerstandsrecht ― Studien zur deutschen politischen Theorie des 19. Jahrhunderts*, Darmstadt und Neuwied 1974(심재우 역, 『폭정론과 저항권—19세기 독일 정치이론에 관한 연구』, 대우학술총서 번역 71, 민음사, 1994).

— Marcic, René, *Vom Gesetzesstaat zum Richterstaat*, Wien 1957.

— ders., *Rechtsphilosophie*, Freiburg 1969.

— Marcuse, Herbert, "Repressive Toleranz", in: *Kritik der reinen Toleranz*, hrsg. von Robert Paul Wolff, Barrington Moore und Herbert Marcuse, Frankfurt 1970.

— Marsilius von Padua, *Der Verteidiger des Friedens(Defensor Pacis)*, bearbeitet und eingeleitet von Horst Kusch, Ausgabe der Wissenschaftlichen Buchgesellschaft, Darmstadt 1958.

— Marx, Karl, "Zur Kritik der Hegelschen Rechtsphilosophie", in: *Die Frühschriften*, hrsg. von Siegfried Landshut, Stuttgart 1968.

— Maunz, Theodor, *Deutsches Staatsrecht*, 17. Aufl., München 1969.

— Maunz—Dürig, *Grundgesetz, Kommentar*, Lieferung 1—8, München und Berlin 1966.

— Mausbach, Josef/Ermecke, Gustav, *Katholische Moraltheologie*, Bd. III, Teil 2, 10. Aufl., München 1961.

— Mayer—Tasch, Peter Cornelius, *Thomas Hobbes und das Widerstandsrecht*, Tübingen 1965.

— Menzel, Eberhard, "Revolution und Rechtsordnung", in: *Geschichte in Wissenschaft und Unterricht*, 10. Jg., 1959.

— Merkel Adolf, "Die heutige Position(Diskussion)", in: *Widerstandsrecht und Grenzen der Staatsgewalt*, hrsg. von Bernhard Pfister und Gerhard Hildmann, Berlin 1956.

— Messner, Johannes, *Das Naturrecht*, 3. Aufl., Innsbruck und München 1958.

— Milton, John, *The Tenure of Kings and Magistrates*, in: *The works of John Milton*, volume 5, Columbia University Press(New York), 1932. :

— ders., *Defence of the People of England(The first Defence)*, in: *The works of John Milton*, volume 7, 1932. :

저항권

- ders., *Second Defence of the People of England*(*The second Defence*), in: *The works of John Milton*, volume 8, 1933. :
- ders., *Eikonoklastes*, in: *The works of John Milton*, volume 5, 1932.
- Müller, Karl, "Luthers Äußerungen über das Recht des bewaffneten Widerstandes gegen den Kaiser", in: *Sitzungsberichte der Königlich Bayerischen Akademie der Wissenschaften, Philosophisch philologische und historische Klasse*, München 1915.
- Nagler, Michael, *Über die Funktion des Staates und des Widerstandsrechts*, 1991.
- Neidert, Rudolf: "Renaissance des Widerstandsrechts?", in: *Neue Politische Literatur*, 14. Jg., 1969.
- Nell–Breuning, Oswald von S. J., "Widerstandsrecht", in: *Zur christlichen Staatslehre*, 2. Aufl., (Wörterbuch der Politik in Einzelheften, Heft II) Freiburg 1957.
- Nipperdey, Hans Carl, "Die Haftung für politische Denunciation in der Nazizeit", in: *Das deutsche Privatrecht in der Mitte des 20. Jahrhunderts* (*Festschrift für Heinrich Lehmann zum 80. Geburtstag, Bd. I*), Berlin 1956.
- ders., "Die Würde des Menschen", in: Neumann/Nipperdey/Scheuner, *Die Grundrechte*, Bd. 2, 1954.
- Peter, Ferdinand von, "Bemerkungen zum Widerstandsrecht des Art. 20 IV GG", in: *DÖV*, 1968.
- Pfeiffer, Arthur, *Der Gedanke des Widerstandsrechts des Staatsbürgers gegen die unrechtmäßige Ausübung der Staatsgewalt; Seine geschichtliche Entwicklung und seine Stellung im geltenden deutschen Recht*(jur. Diss., Hamburg), 1934.
- Pribilla, Max, *Deutsche Schicksalsfragen*, 2. völlig überarbeitete und vermehrte Aufl., von "Deutschland nach dem Zusammenbruch", Frankfurt 1950.
- ders., "Der Sinn des Widerstandsrechts", in: *Stimmen der Zeit*, Bd. 145, 1949/50.

— Radbruch, Gustav, *Rechtsphilosophie*, 5. Aufl., hrsg. von Erik Wolf, Stuttgart 1956.

— ders., "Gesetzliches Unrecht und übergesetzliches Recht", in: *Rechtsphilosophie*, 5. Aufl., hrsg. von Erik Wolf, Stuttgart 1956.

— Rauschning, Hermann, "Die heutige Position — staats— und rechts— philosophisch", in: *Widerstandsrecht und Grenzen der Staatsgewalt*, hrsg. von Bernhard Pfister und Gerhard Hildmann, Berlin 1956.

— Rawls, John, *A Theory of Justice*, Harvard University Press, Cambridge 1971.

— Reh. H. J., "Kommentar zu Art. 146 und Art. 147 der Hessischen Verfassung", in: Zinn—Stein, *Verfassung des Landes Hessen*, 1963.

— Reichel, Hans, "Widerstandsrecht und politischer Streik in der neuen Verfassung und im neuen Strafrecht", in: *Der Betrieb*, 1968.

— Robinsohn, Hans, "Mißverstandenes Widerstandsrecht", in: *Vorgänge*, 1969.

— Roth, Daniel, "Zur Ideengeschichte und zum Begriff des Widerstandes gegen staatliche Unterdrückung", in: *Österreichische Zeitschrift für öffentliches Recht*, Bd. VI(Neue Folge), 1955.

— Rousseau, Jean Jacques, *Der Gesellschaftsvertrag(Du Contrat Social)*, hrsg. von Heinrich Weinstock, Stuttgart 1968.

— Rühe, Günther, *Widerstand gegen die Staatsgewalt? oder Der moderne Staat und das Widerstandsrecht (Ein besonders heißes Eisen)*, Berlin 1958.

— Rüstow, Alexander, "Die heutige Position(Diskussion)", in: *Widerstandsrecht und Grenzen der Staatsgewalt*, hrsg. von B. Pfister und G. Hildmann, Berlin 1956.

— Ryffel. Hans, "Aspekte der Emanzipation des Menschen", in: *ARSP*, Bd. 52 1966.

— Sauer, Wilhelm, *Grundlagen der Gesellschaft*, Berlin—Grünewald 1924.

— Sax Walter, "Zur Frage der Notwehr bei Widerstandsleistung gegen Akte sowjetzonaler Strafjustiz", in: *JZ*, 1959.

− Scheidle, Günther, *Das Widerstandsrecht*, Berlin 1969.

− Scheuner, Ulrich, "Verfassungsschutz im Bonner Grundgesetz", in: *Um Recht und Gerechtigkeit(Festgabe für Erich Kaufmann zu seinem 70. Geburtstag)*, Stuttgart und Köln 1950.

− Schier, Wolfgang, "Das Recht zum Widerstand", in: *Geschichte in Wissenschaft und Unterricht*, 10. Jg., 1959.

− Schiller, Friedrich, *Willhelm Tell*, Stuttgart 1972(Reclam−Ausgabe).

− Schlözer, August L., *Allgemeines Staatsrecht und Staatsverfassungs-lehre*, 1793.

− Schmitt, Carl, *Verfassungslehre*, 3. Aufl., Berlin 1957.

− ders., *Der Leviathan in der Staatslehre des Thomas Hobbes*, Hamburg 1938.

− ders., *Politische Theologie*, 2. Aufl., München und Leipzig 1934.

− Schneider, Hans, *Widerstand im Rechtsstaat*, Karlsruhe 1969.

− Schneider, Peter, "Widerstandsrecht und Rechtsstaat", in: *AöR*, Bd. 89, 1964.

− ders., "Revolution", in: *Evangelisches Staatslexikon*, 1966.

− ders., "Die heutige Position − staatsrechtlich", in: *Widerstandsrecht und Grenzen der Staatsgewalt*, hrsg. von B. Pfister und G. Hildmann, Berlin 1956.

− Scholler, Heinrich, "Widerstand und Verfassung", in: *Der Staat*, Bd. 8, 1969.

− Schönfeld, Walter, "Die Revolution als Rechtsproblem", in: *AöR*, Neue Folge 12, 1927.

− ders., *Zur Frage des Widerstandsrechts*, Stuttgart 1955.

− Schönke−Schröder, *Strafgesetzbuch−Kommentar*, 15. Aufl., München 1970.

− Schorn, Hubert, "Das Widerstandsrecht in sittlicher und rechtlicher Beleuchtung", in: *Beilage zu Das Parlament* v. 28. 1. 1953, Hamburg

− Schubart, Alexander, "Ein Widerstandsrecht in der Verfassung", in:

Vorgänge, 7. Jg., 1968.

– Sidney, Algernon, *Discourses concerning Government*, London 1704.

– Sladeczek, Heinz, "Zum konstitutionellen Problem des Widerstandes", in: *ARSP*, Bd. 53, 1957.

– Stammler, Rudolf, "Begriff und Bedeutung der volonté générale bei Rousseau", in: *Rechtsphilosophische Abhandlungen und Vorträge von Rudolf Stammler*, Bd. I, 1925.

– von Stauffenberg, A. Schenk, "Staatsbürgerliches Widerstandsrecht als Pflicht", in: *Blätter für deutsche und internationale Politik*, 3. Jg., 1958.

– Sternberger, Dolf, "Widerstand ohne Tyrannen", in: *Frankfurter Allgemeine Zeitung* v. 6. 5. 1968.

– Stöckel, Heinz, "Ungeklärte Notwehrprobleme bei Widerstand gegen die Staatsgewalt(§ 113 StGB)", in: *Juristische Rundschau*, 1967.

– Stratenwerth, Günter, *Verantwortung und Gehorsam*, Tübingen 1958.

– ders., "Das Widerstandsrecht im freiheitlichen Rechtsstaat", in: *Reformatio*, 14. Jg., 1965.

– Thielicke, Helmut, *Theologische Ethik*, Bd. II, 2, Tübingen 1958.

– Thomas von Aquin, *Über die Herrschaft der Fürsten(De regimine principum)*, in: *Ausgewählte Schriften zur Staats– und Wirtschafts-lehre des Thomas von Aquino*, hrsg. von Friedrich Schreyvogel, Jena 1923.

– ders., *Summa theologica*(Deutsch–lateinische Ausgabe von der Albertus Magnus–Akademie Walberberg bei Köln, Bd. 17B, Heidelberg Graz–Wien–Köln 1966).

– Tischleder, Peter, *Ursprung und Träger der Staatsgewalt nach der Lehre des hl. Thomas und seiner Schule*, M. Gladbach 1923.

– Teatsos. Themistokles, "Zur Begründung des Widerstandsrechts", in: *Der Staat*, Bd. 1, 1962.

– Verdroß, Alfred, *Abendländische Rechtsphilosophie*, 2. Aufl., Wien 1963.

— Vorländer, Karl, "Kants Stellung zur Französischen Revolution", in: *Philosophische Abhandlungen(Hermann Cohen zum 70. Geburtstag)*, Berlin 1912.

— Weinkauff, Hermann, *Über das Widerstandsrecht*, Karlsruhe 1956.

— ders., "Das Widerstandsrecht in juristischer Sicht", in: *Staatslexikon*, Bd. VIII, Freiburg 1963.

— Welzel, Hans, *Vom irrenden Gewissen*(Recht und Staat 145), Tübingen 1949.

— ders., *Naturrecht und materiale Gerechtigkeit*, 4. neubearbeitete und erweiterte Aufl., Göttingen 1962.

— ders., "Naturrecht und Rechtspositivismus", in: *Naturrecht oder Rechtspositivismus?*, hrsg. von Werner Maihofer, Darmstadt 1962.

— Weinger, Erich, "Gehorsamspflicht und Widerstandsrecht in der Demokratie", in: *Die Sammlung*, 7. Jg., 1952.

— Wertenbruch, Wilhelm, "Zur Rechtfertigung des Widerstandes", in: *Staat — Recht — Kultur*(Festgabe für Ernst von Hippel zu seinem 70. Geburtstag), Bonn 1965.

— Wick, Karl: "Revolution", in: *Staatslexikon*, Bd. 4, 5. Aufl., 1931.

— Winterfeld, Achim von, "Grundfragen und Grenzen des Widerstandsrechts", in: *NJW*, 1956.

— Winters, Peter Jochen, *Die 'Politik' des Johannes Althusius und ihre zeitgenössischen Quellen*, Freiburg 1963.

— Wolf, Erik, *Große Rechtsdenker der deutschen Geistesgeschichte*, 4. Aufl., Tübingen 1963. :

— ders., "Personalität und Solidarität", in: *Vom Recht*(Hannoversche Beiträge zur politischen Bildung Bd. 3), hrsg. von der Niedersächsischen Landeszentrale für politische Bildung, Hannover 1963.

— ders., "Das Problem des Widerstandsrechts bei Calvin", in: *Widerstandsrecht und Grenzen der Staatsgewalt*, hrsg. von B. Pfister und G. Hildmann, Berlin 1956.

— Wolzendorff, Kurt, *Staatsrecht und Naturrecht in der Lehre vom*

Widerstandsrecht des Volkes gegen rechtswidrige Ausübung der Staatsgewalt, Aalen 1961(Neudruck der Ausgabe Breslau 1916).

— Zippelius, Reinhold, "Erläuterung zu Art. 1 GG", in: *Kommentar zum Bonner Grundgesetz*, 17. Lieferung(Zweitbearbeitung Art. 1), 1966.

편집자 후기

*

이 책 『저항권』은 심재우 선생님이 집필하신 유일한 단행본이고, 간단명료한 책 제목은 곧 심 선생님이 한 학자로서 그리고 한 인간으로서 한평생을 씨름하신 화두에 해당한다. 책의 내용에 대한 짤막한 설명은 한 가지 상징적인 일화를 소개하는 것으로 시작해도 좋을 것 같다.

1973년 7월 6일 독일 북부의 빌레펠트 대학교 법과대학에서 심 선생님이 제출한 박사학위 논문 『저항권과 인간의 존엄(Widerstands-recht und Menschenwürde)』에 대한 구술시험(disputatio)이 열렸다. 지도교수인 베르너 마이호퍼Werner Maihofer와 구술시험을 함께 한 부심은 훗날 독일 헌법재판소 재판관을 지냈고, 독일 헌법학계에서 커다란 영향력을 행사한 에른스트-볼프강 뵈켄푀르데Enrst-Wolfgang Böckenförde였다. 뵈켄푀르데는 개혁대학을 기치로 내세우며 1968년에 설립된 빌레펠트 대학교에 처음으로 부임한 법과대학 교수였고, 소장 학자이지만 헌법사, 헌법도그마틱, 법철학을 아우르는 폭넓은 학문적 시야 그리고 카알 슈미트Carl Schmitt 이론과의 연속성 등으로 이미 상당히 높은 명성을 누리고 있었다. 구술시험은 관례에 따라 부심인 뵈켄푀르데의 질문으로 시작되었다. 그의 첫 질문은 "국가란 무엇입니까?"였다. 한

박사학위 논문에 관한 구술시험의 첫 질문으로서는 당황스럽기 짝이
없는 '어마어마'한 내용의 질문이었다. 하지만 뵈켄푀르데의 이 질문
은 심 선생님의 논문에 과녁을 정통으로 맞추는 질문이었다. 왜냐하
면 선생님이 이 논문에서 펼치신 저항권론은 곧 국가목적론 또는 국
가본질론이었기 때문이다. 즉 국가의 존재근거는 곧 인간의 객관적
실존조건과 주관적 실존조건을 보호·보장하는 것이고, 국가가 이러
한 존재근거를 망각한 채 역으로 인간의 실존조건을 위협하고 파괴할
때는 인간으로서의 국민은 당연히 국가에 대해 저항권을 행사할 수
있다는 것이 논문의 핵심요지였다. 다시 말해 국가의 정당성 근거와
저항권의 정당성 근거는 동전의 양면과 같은 관계에 있고, 국가의 목
적과 저항권의 목적은 모두 인간존재와 이 존재의 삶을 지향하는 것
이어야 한다. 이 핵심사상을 이론적으로 정당화하고, 그에 따른 여러
가지 실천적, 제도적 측면들을 홉스, 루소, 로크, 칸트로 이어지는 근
대의 국가사상과 법사상에 비추어 재검토하며, 동시에 저항권의 이념
사를 포괄적으로 추적함으로써 선생님은 '저항권'이라는 당호堂號를
단 집 한 채를 지으셨다.

귀국 후 선생님의 이 학위논문은 독재 치하에서 금서禁書의 운명까
지 겪게 되지만, 선생님께서는 고려대학교 법과대학과 대학원 법학과
의 강의에서 저항권의 이념을 끊임없이 설파하셨다. 내가 학부 시절
에 두 번 법철학 강의를 들으면서 때로는 '(정치적으로) 위험하다' —
당시는 전두환 독재 치하였다 — 는 인상을 받을 정도로 온갖 열정을
담아 국가의 정당성 이론과 저항권론은 한 어머니에게서 태어난 쌍둥
이 자식임을 역설하셨다. 그리고 1980년대 후반에서 1990년대 초반

사이에는 선생님이 학위를 받으신 이후에 출간된 정치철학 학위논문인 『폭정론과 저항권(Tyrannislehe und Widerstandslehre)』의 번역작업에 많은 시간과 노력을 들이셨다. 하나의 완결된 테제를 담은 당신의 학위논문만으로는 만족하지 않고, 자신이 다룬 주제를 다른 방식으로 다룬 문헌들에 관한 관심을 계속 유지하신 셈이다. 더욱이 1980년대 후반부터 천착하신 동양 법철학 연구에서 특히 맹자의 '역성혁명론'이 당신의 필생의 주제를 역사상 '최초로' 완결된 형태로 전개한 이론임을 확인하고, 이를 서양의 저항권론과 비교 검토하는 과정을 거치게 되었다.

그사이 정년을 맞이하신 선생님은 1998년부터 강릉의 댁으로 귀향하셔서 이제는 우리말로 '저항권'에 관한 책을 쓸 때가 왔다고 생각하신다. 서양의 이론사에 깊숙이 발을 들여놓은 상태에서 작성된 박사학위 논문의 골격은 당연히 그대로 유지했지만, 학위논문에 현란할 정도로 인용된 여러 문헌과 길고 긴 각주들은 일단 배제했고, 새로운 세대의 상황을 고려해 그 이전에 출간하신 번역서들과 달리 한자를 대폭 줄이는 방향으로 결정을 내리셨다. 그리고 저항권의 철학적 정당화를 맨 마지막에 배치했던 학위논문과는 달리 이 부분을 책의 '몸통'으로 만드는 서술 순서의 수정도 이루어졌다. 앞서 말한 맹자의 '역성혁명론'이 정당화 이론사의 맨 앞자리를 차지하게 만든 것은 당연한 일이었다. 이렇게 해서 이 책은 2000년에 고려대학교 출판부에서 세상의 빛을 보게 되었지만, 이미 오래전에 절판되었다. 이제 선생님의 한 제자'로서' 나는 이 책을 다시 가다듬고, 필요한 곳에 소소한 수정을 덧붙여 다시 세상을 찾아가게 만들고 있다.

**

심재우 선생님께서 2019년 우리 곁을 떠나신 지 3년이 되어간다. 나는 잠시 선생님으로부터 '저항권'이라는 단어를 과연 몇 번쯤 들었을까 물은 적이 있다. 도대체 어떤 개념이 한 학자와 그토록 밀접한 친화력을 갖는다는 것이 어떻게 가능한지를 묻고 싶었다. 하지만 30년 넘게 선생님의 정신을 가까이서 그리고 멀리서 엿볼 수 있는 행운을 누린 나로서는 그것은 바로 선생님의 '인격성'을 통해 가능할 뿐만 아니라 거의 필연적이기도 하다는 대답을 곧장 얻을 수 있었다.

올가을에는 이 책을 들고 선생님 잠드신 곳으로 한 번 찾아 봬야겠다.

***

책을 재출간할 수 있도록 파일로 변환하는 작업을 해준 강영선 씨에게 고마움을 전한다. 도서출판 「박영사」 조성호 이사님과 이승현 차장님의 든든한 지원에도 감사의 인사를 드린다.

2022년 9월
선생님과 함께했던 수많은 곳과 때를 기억하면서
윤 재 왕

심재우

1933년 강릉에서 태어나 고려대학교 법과대학과 대학원 법학과를 졸업하고 독일 빌레
펠트 대학교 법과대학에서「저항권과 인간의 존엄」으로 박사학위를 받았다(1973년).
1974년부터 고려대학교 법과대학에서 법철학과 형사법을 강의하면서 학생들에게 법
과대학이 단순히 조문을 다루는 기술자들을 생산하는 공장이 아니라는 사실을 깨닫게
해주었다. 답안지에 어떻게든 '인간의 존엄'이라는 단어가 들어가면 높은 학점을 받을
수 있다고 소문이 날 만큼 '인권'과 '인간의 존엄'이 곧 법의 정신임을 역설하는 정열적
인 강의로 유명했다. 법철학과 형사법에 관련된 다수의 논문을 발표했고, 필생에 걸친
학문적 화두인「저항권」이라는 제목의 단행본을 출간했으며, 독일 스승 베르너 마이호
퍼의「법치국가와 인간의 존엄」,「법과 존재」, 저항권의 역사적 전개과정을 다룬「폭정
론과 저항권(헬라 만트)」그리고 루돌프 폰 예링의 고전「권리를 위한 투쟁」을 번역했
다. 한국법철학회와 한국형사법학회 회장을 역임했다. 2019년 9월 28일 善終했다.

몽록(夢鹿) 법철학 연구총서 6
저항권

초판발행	2022년 9월 28일
지은이	심재우
펴낸이	안종만·안상준
편 집	이승현
기획/마케팅	조성호
표지디자인	이영경
제 작	고철민·조영환
펴낸곳	(주) 박영사
	서울특별시 금천구 가산디지털2로 53, 210호
	(가산동, 한라시그마밸리)
	등록 1959. 3. 11. 제300-1959-1호(倫)
전 화	02)733-6771
f a x	02)736-4818
e-mail	pys@pybook.co.kr
homepage	www.pybook.co.kr
ISBN	979-11-303-4281-8 93360

copyright©심재우, 2022, Printed in Korea

* 파본은 구입하신 곳에서 교환해 드립니다. 본서의 무단복제행위를 금합니다.
* 저자와 협의하여 인지첩부를 생략합니다.

정 가   18,000원